S A L A N I   N A R R A T I V A

Alla scoperta del passato

Il piacere della lettura

I classici per la gioventù

Il mondo dell'avventura

Pianeta adolescenza

Vivere oggi

Distribuzione Le Monnier

FRANCESCO D'ADAMO

STORIA DI IQBAL

Il Sistema Qualità di Edumond Le Monnier S.p.A. è certificato da **BVQI** secondo la **Norma UNI EN ISO 9001:2000** (Vision 2000) per le attività di: **progettazione, realizzazione e commercializzazione di testi scolastici e universitari, dizionari e supporti.**

REALIZZAZIONE EDITORIALE
Redazione e impaginazione: Studio Amilcare Bardi, Firenze
Progetto grafico: Barbara Barucci

CONTRIBUTI
Note: Anna Ferrari

COPERTINA
Progetto grafico e realizzazione: Patrizia Innocenti
Disegno di copertina: Mirna Masina

Prima edizione: febbraio 2002

Ristampa:

16 15 14 13 12 11 2008 2009 2010 2011 2012

Per informazioni e segnalazioni:
Servizio Clienti Mondadori Education
e-mail *servizioclienti.edu@mondadorieducation.it*
tel. 199122171
(euro 0,12 + Iva al minuto senza scatto alla risposta; per cellulari il costo varia in funzione dell'operatore)

La Tipografica Varese S.p.A. – Stampato in Italia

PREMESSA

Per Annarita

Non so che faccia avesse Iqbal: le uniche sue fotografie che ho trovato, sui quotidiani, erano scure e sfocate. In un articolo si diceva: Non era molto alto. *Allora ho cercato di immaginarmelo. Forse l'ho descritto più bello, più bravo e più coraggioso di quanto realmente fosse, ma questo è il destino che tocca agli eroi.*

Il personaggio di Fatima, invece, l'ho inventato io. Ma sono sicuro che Iqbal ha avuto accanto, tra i bambini che dividevano la sua sorte, proprio una ragazzina come Fatima e altri amici come Salman, Maria o il piccolo Alì. Se li volete conoscere, guardatevi attorno: sono anche qui in Italia, tra di noi. Provate a parlare con loro, qualche volta.

Mi sono dovuto inventare anche il Pakistan: non ci sono mai stato.

Ma, a parte questi particolari, la storia che state per leggere è tutta vera. Gli avvenimenti raccontati in questo romanzo sono tutti realmente accaduti. Anche quelli spiacevoli.

È una storia triste, mi ha detto qualcuno.

Non è vero: è la storia di come si può conquistare la libertà.

Ed è una storia che continua e va avanti, tutti i giorni.

Anche mentre voi leggete queste righe.

FRANCESCO D'ADAMO

1

Sì, io ho conosciuto Iqbal.

Penso spesso a lui, specie di notte, quando mi sveglio perché ho freddo o perché sono troppo stanca per riuscire a prendere sonno. Nella stanza sotto il tetto, dove ci fanno dormire i nostri padroni italiani, c'è una finestra strana, che guarda verso l'alto, verso il cielo. Non so come la chiamate voi, al mio paese non ci sono finestre così. Ma qui in Italia è tutto tanto diverso dal Pakistan. Ancora non mi sono abituata.

A me questa finestra piace perché, certe volte, quando il cielo è pulito, attraverso il vetro si vedono le stelle e magari una falce di luna. Le stelle sono l'unica cosa che ho trovato uguale venendo qua dal posto in cui vivevo, vicino alla città di Lahore[1]. Certo, le nostre brillano un po' di più, ma io credo che le stelle siano uguali in tutto il mondo e che siano sempre una consolazione, se vivi in un paese straniero e se ti senti sola e ti viene la malinconia.

Ho due dei miei fratelli qui con me: Hasan, che è poco più piccolo di me, e Ahmed, il maggiore. Hasan lavora per la stessa fami-

[1] *Lahore*: città del Pakistan nordorientale, presso il confine con l'India.

glia che mi ha preso a servizio e questa è una fortuna. Sono dei buoni padroni. Non ci trattano mai troppo male e – certo – non ci bastonano come facevano i miei padroni di Lahore. Anche il lavoro è meno duro: pulisco, vado al mercato, sto con i bambini.

Questa è la cosa che mi piace di più. La mia padrona ha due bambini, una femmina e un maschio. Sono belli, sono puliti. Mi vogliono bene e mi dicono sempre: “Fatima! Fatima! Gioca con noi!”. Allora prendiamo tutte le bambole, i pupazzi di pezza e altri giocattoli misteriosi e strani, e giochiamo. Ci sono quelli che fanno le voci, quelli che si muovono da soli, quelli che hanno tante luci colorate che si accendono e si spengono. Io non li so usare, non li ho mai visti, certe volte quasi mi spaventano. I primi tempi pensavo che fosse una magia, mi facevano paura.

I bambini ogni tanto perdono la pazienza e mi dicono: “Uffa! Fatima, sei proprio stupida!”. Ma io imparo alla svelta e passerei le giornate a giocare con loro e a scoprire cose nuove, come se anch'io fossi ancora una bambina. Purtroppo arriva sempre la padrona che mi dice: “Fatima, cosa fai qui, non dovresti essere in cucina?”.

Io scappo via alla svelta, coprendomi il viso per la vergogna, perché ho sedici anni ormai, forse anche diciassette, non lo so bene, ma comunque sono una donna adulta e dovrei essere sposata da tempo e avere dei figli miei.

In Pakistan i padroni non ci lasciavano giocare, non c'era tempo, dovevamo stare sempre al telaio, dall'alba al tramonto, tutti i giorni. Ma mi ricordo degli aquiloni e di quella volta che Iqbal ed io abbiamo fatto volare l'aquilone, di come eravamo emozionati e felici a vederlo salire nel vento, sempre più in alto. Questo è successo prima che lui partisse per quel suo lungo viaggio, in un posto che si chiama America.

– Quando tornerò – mi disse, – faremo volare l'aquilone tutti i giorni.

Non è successo, invece.

Mi piacerebbe insegnare l'aquilone ai figli della padrona, si divertirebbero. Ma non so se riuscirebbe a volare: in questa città non c'è né spazio né vento né azzurro. Si impiglierebbe nelle antenne, temo, resterebbe là a morire.

Non so, invece, che cosa faccia Ahmed, il mio fratello maggiore. Lo vediamo ogni tanto, quando i padroni ci concedono una mezza giornata di libertà. C'è una piazza dove ci troviamo tutti, noi pakistani che adesso viviamo qua. Non è una bella piazza, a dire il vero, ci sono solo tre panchine e un paio di alberi secchi e spesso piove. Ma non abbiamo un altro posto dove andare.

Ci troviamo per parlare tra di noi e ridere un po', gli uomini da una parte, le donne dall'altra. In queste occasioni noi donne ci mettiamo la *purdah*, il velo che copre i capelli e parte del viso, come si usa da noi, per pudore[2].

Ahmed arriva come se si guardasse alle spalle, agita le mani, dice che dobbiamo stare attenti, dice che torneremo presto a casa, al nostro paese, quando avremo soldi a sufficienza. Ma lui soldi non ne ha mai e spesso glieli diamo noi. Più di una volta ho sentito che l'alito gli sapeva di birra, e questo è peccato, bere alcol[3]. Ma io non lo voglio giudicare, è il mio fratello maggiore e poi – immagino – sarà infelice come tutti noi. Non so neanche se voglio tornare al mio paese: là stavo male, qua non sto bene.

È vero: qui nessuno mi maltratta; qui non mi fanno lavorare fino a quando cado sfinita sul pavimento di terra battuta; non ho le mani piene di vesciche e di tagli che nessuno ti cura e fanno infezione; qui non sono una schiava. Qua i padroni mi danno da mangiare e da dormire e anche dei soldi. Non mi devo lamentare e gli sono grata.

Qua sono libera. Però dice Ahmed che se ci trovano, prima ci mettono in un campo con le sbarre, poi ci mandano via. Io non lo so.

---

[2] *pudore*: senso di vergogna, riservatezza. Nella religione islamica è previsto che tra uomini e donne non sia dimostrata confidenza in pubblico.
[3] *è peccato, bere alcol*: è un altro precetto della religione islamica.

Forse è per quello che provo quando vado al mercato a fare la spesa. Indosso la *purdah* e prendo una grande borsa. Cammino a testa bassa. C'è molta più roba che nei nostri mercati, ma meno colorata, meno allegra. Tanti prodotti, all'inizio, non sapevo cos'erano e non ne conoscevo neanche i nomi. Facevo segno con le dita: ne voglio tre, ne voglio quattro. Spesso sbagliavo e la padrona si arrabbiava. Adesso è più facile.

Ma il fatto è che nessuno mi vede[4]. Non so come spiegarlo. Passo in mezzo a tutta quella gente che parla, che grida, che si saluta e solo io è come se fossi invisibile. Nessuno mi rivolge la parola. Mi urtano in mezzo alla ressa[5] e nessuno mi dice: scusa. Ho addirittura pensato di essere diventata uno *jin*, uno di quegli spiritelli che non si vedono e che si divertono a romperti i vasi in casa e a farti sparire gli oggetti. Io cammino e non ci sono. Mi fermo a guardare le bancarelle piene di frutta e verdura e non ci sono. Faccio la spesa e il commerciante mi dà la roba, prende i miei soldi, mi conta il resto che io subito controllo per non farmi imbrogliare, e lui guarda attraverso di me la persona che aspetta alle mie spalle e parla con lei, ride, scherza. Io non ci sono.

Per questo sono triste la notte su in soffitta. È in quei momenti che penso a Iqbal e penso a lui come al mio sposo.

Lo so che è un pensiero stupido. È proprio una cosa da ragazze sciocche, che ci si sussurra all'orecchio così, per ridere. E poi non sta neanche bene pensare una cosa del genere. Al mio paese non usa che una ragazza si scelga lo sposo. È la famiglia che ci pensa e conduce le trattative e stabilisce la dote. È sempre stato così, per mia madre e per la madre di mia madre, ed è giusto – probabilmente.

[4] *nessuno mi vede*: non in senso reale, bensì simbolico: nessuno prende in considerazione Fatima. Anche qualche riga sotto la ragazza dirà: *e non ci sono*, sempre per sottolineare che non sente di far parte di quella comunità.
[5] *ressa*: folla.

Qui da voi è diverso, certo. Ma io ormai sono troppo vecchia per trovare marito. Nessuno mi vorrebbe.

Eppure, certe notti che il cielo è freddo e nero, e non si sentono più i rumori della strada, e ho gli occhi spalancati nel buio e vorrei piangere ma non ci riesco, allora sogno che Iqbal sale lungo il viottolo che porta alla casa dei miei genitori, circondato dai suoi amici e parenti e c'è anche Eshan Khan, l'uomo che è stato il suo secondo padre, e sono tutti vestiti a festa.

Sogno che io lo aspetto nelle stanze delle donne e non devo far vedere l'emozione che mi stringe il cuore. Sono vestita di rosso, come dev'essere una sposa, e le mie sorelle mi hanno decorato le mani e i piedi con motivi floreali disegnati con l'henné[6] scuro. Sogno che Iqbal entra nella mia casa profumata di fiori e incenso e davanti ai miei genitori e ai miei fratelli e ai miei parenti mi prende in sposa e ce ne andiamo, io e lui, insieme, liberi.

Lo so che questo è solo un sogno. Come dire un'illusione. Lo so che Iqbal non può tornare a prendermi in questo paese incomprensibile e straniero. E non so neanche se mi avrebbe voluta come sposa, allora. In fin dei conti eravamo solo due bambini, cinque anni fa.

Ma questo è stato Iqbal per me: la mia libertà. L'unica libertà, forse, della mia vita. Lasciatemi allora questo sogno. Non fa male a nessuno.

Per lui io non ero invisibile. Io esistevo.

Perciò questa è la storia di Iqbal, come io l'ho conosciuta, come io la ricordo.

[6] *henné*: pianta originaria dell'Arabia le cui foglie ridotte in polvere servono a colorare i capelli o a fare tatuaggi sulla pelle.

2

La casa di Hussain Khan, il padrone, si trovava alla periferia di Lahore, tra la polvere e la campagna bruciata dove pascolavano le greggi scese dal Nord. Era una casa grande, metà in muratura e metà in lamiera, con un cortile centrale sporco e disselciato[1] dove c'erano il pozzo, il suo vecchio furgoncino Toyota, la tettoia di canne che riparava le balle di lana e di cotone e in fondo, seminascosta dai rovi e dalle erbe selvatiche, la porta di ferro arrugginito che con una ripida scala portava giù nella Tomba.

La fabbrica di tappeti era sotto le lamiere e ci faceva caldo d'estate e freddo d'inverno. Il lavoro cominciava mezz'ora prima dell'alba, quando la moglie del padrone scendeva in vestaglia e babbucce[2] e attraversava il cortile, nella luce incerta della notte che finiva, per portarci una forma rotonda di pane *chapati*[3] e un po' di *dahi*[4] o di crema di lenticchie. Mangiavamo avidamente intin-

[1] *disselciato*: senza pavimentazione, quindi polveroso.
[2] *babbucce*: pantofole.
[3] *pane chapati*: pane non lievitato cotto al forno.
[4] *dahi*: yogurt intero usato come bevanda.

gendo il pane nella grande ciotola comune appoggiata sul pavimento di terra e intanto parlavamo fitto fitto tra di noi e ci raccontavamo i sogni che avevamo fatto quella notte.

I sogni, come mi diceva la nonna e dopo di lei mia madre, stanno in una parte sconosciuta del cielo, così lontana che noi non possiamo neanche immaginare, e scendono nel mondo quando gli uomini li chiamano e possono portare dolore o consolazione, gioia o sconforto o anche – certe volte – essere assolutamente stupidi e non portare un bel niente. Anche se non è detto che un uomo malvagio chiami a sé sogni malvagi, e un uomo stupido sogni stupidi, perché chi siamo noi per pretendere di capire che cosa governa le cose del cielo?

Ma una cosa è certamente brutta, diceva la nonna, ed è non ricevere più sogni, perché è un po' come non ricevere più la benevolenza di qualcuno che è lontano, sì, ma tuttavia ci pensa. Io non sognavo da molti mesi, e molti di noi non sognavano più, ma avevamo paura a confessarcelo: al mattino ci sentivamo così soli. E allora ce li inventavamo, ed erano sempre sogni belli, pieni di luce e di colore e di ricordi di casa, per chi ancora ne aveva. Facevamo a gara a chi ne inventava di più fantasiosi, parlando in fretta, con la bocca piena, fino a quando la padrona non ci diceva: "Basta adesso! Basta!" e allora potevamo raggiungere il gabinetto alla turca[5] nascosto in fondo allo stanzone, dietro ad un tendaggio lercio, uno per volta.

Per primi andavano quelli che avevano dormito incatenati per la caviglia al telaio, le "teste di legno", come li chiamava il padrone, quelli che lavoravano poco e male, che confondevano i fili colorati delle trame[6], che commettevano qualche errore nel disegno del tappeto (questa era la cosa più grave) o che frignavano per le vesciche sulle dita.

[5] *gabinetto alla turca*: costituito da un buco nel pavimento.
[6] *trame*: i fili che, intrecciati tra loro, formano il tappeto.

Le "teste di legno" erano stupide: lo sanno tutti che in questi casi basta prendere il coltello che usiamo per raschiare i nodi e incidere le bolle. Esce l'acqua e per un po' fa male ma con il tempo la pelle ricresce e si indurisce e poi non senti più niente. Bisogna saper aspettare. A noi non incatenati le "teste di legno" un po' facevano pena, un po' li prendevamo in giro: in genere erano quelli nuovi, arrivati da poco, che non avevano ancora capito che l'unico modo di ritornare liberi, per noi, era di lavorare molto, il più in fretta possibile, e di cancellare i segni in gesso sulla nostra lavagna, uno alla volta, fino a quando non ne sarebbe rimasto neanche uno e allora si tornava a casa.

Anch'io, come tutti, avevo la mia lavagna appesa sopra al telaio.

Il giorno che ero arrivata – tanti anni prima – Hussain Khan, il padrone, aveva preso una lavagna pulita, ci aveva tracciato sopra dei segni e mi aveva detto:

– Questo è il tuo nome.

– Sissignore.

– Questa è la tua lavagna. Nessuno può toccarla. Solo io. Hai capito?

– Sissignore.

Poi aveva tracciato molti altri segni, uno accanto all'altro, dritti come i peli sulla schiena di un cane impaurito, ed ogni gruppo di quattro segni era tagliato da un altro, e io non capivo.

– Sai contare? – mi aveva chiesto il padrone.

– Quasi fino a dieci – avevo risposto.

– Guarda – mi aveva detto Hussain Khan, – questo è il tuo debito. Ogni segno è una rupia[7]. Io ti darò una rupia per ogni giorno di lavoro. È giusto. Nessuno ti pagherebbe di più. Tutti possono dirtelo. Chiedilo a chi vuoi: tutti ti diranno che Hussain Khan è un padrone buono e giusto. Avrai quello che ti spetta. E ogni giorno, al tramonto, io cancellerò uno di questi segni, da-

[7] *rupia*: moneta pakistana.

vanti ai tuoi occhi, e tu potrai essere orgogliosa, e anche i tuoi genitori saranno orgogliosi, perché sarà il frutto del tuo lavoro. Hai capito?

– Sissignore – avevo risposto un'altra volta, ma non era vero, non avevo capito e guardavo quei segni misteriosi, fitti come gli alberi di una foresta, e non riuscivo a distinguere il mio nome dal debito, quasi fossero la stessa cosa.

– Quando tutti i segni saranno cancellati – aveva aggiunto Hussain Khan, – quando vedrai questa lavagna completamente pulita, allora sarai libera e potrai tornare a casa.

Non ho mai visto quella lavagna pulita e neanche quelle dei miei compagni.

Dopo che le "teste di legno" erano ritornate dal gabinetto dietro la tenda ed erano state di nuovo incatenate al loro posto di lavoro, potevamo andarci noi "liberi", a fare i nostri bisogni e a spruzzarci un po' d'acqua in faccia. C'era una finestrella, là dietro, posta in alto e si intravedevano i rami fioriti di un mandorlo. Tutti i giorni mi fermavo un minuto più del dovuto e cercavo, spiccando grandi balzi disperati, di aggrapparmi al logoro[8] telaio di legno e di issarmi su, in modo da poter vedere fuori. Avevo dieci anni, allora, ed ero piccola e minuta – lo sono ancora oggi – e non riuscivo neppure a sfiorare con le dita il bordo della finestra. Eppure ogni giorno mi sembrava di essere arrivata un po' più in alto – magari di un niente, di un millimetro – ed ero sicura che presto sarei riuscita a salire fin lassù e a sporgermi attraverso quella piccola apertura fino a toccare la corteccia del mandorlo.

Non so perché dessi tanta importanza ad una cosa così inutile e sciocca, ma mi sembrava, allora, che fosse una specie di passo verso la libertà o qualcosa di simile. Non era vero, naturalmente. Mi sarei solo ritrovata nel giardino della casa accanto e la moglie di Hussain Khan sarebbe venuta a riprendermi agitando la sferza

[8] *logoro*: consumato, vecchio.

e gridando: "Piccola stracciona! Piccola vipera ingrata!". Sarei finita per tre giorni nella Tomba, forse anche per più tempo, ecco cosa sarebbe successo. Eppure ci provavo, ogni mattina.

Lavoravo per Hussain Khan da tre anni e non ero mai finita nella Tomba. All'inizio, qualcuno degli altri bambini, invidioso, diceva che ero la preferita di Hussain e che per questo non mi puniva. Non era vero. Non ero mai stata punita perché lavoravo svelta e bene, mangiavo quello che mi davano senza protestare e alla presenza del padrone stavo zitta, non come certi che rispondevano. Anche se, sì, qualche volta il padrone mi si avvicinava e mi accarezzava, davanti a tutti, e mi chiamava: "Piccola Fatima, la mia piccola Fatima", e io dentro tremavo tutta e non capivo bene e avevo paura e avrei voluto sparire, nascondermi. Hussain Khan era grasso, con la barba nera e gli occhi piccoli, e le sue mani erano come ricoperte da una patina d'olio di palma e lasciavano un segno di unto dove ti toccavano.

Certe notti, quando ancora sognavo, immaginavo Hussain Khan che camminava nel buio e veniva fino al mio giaciglio accanto al telaio. Sentivo il suo respiro pesante e l'odore di fumo della sua giubba, sentivo la terra polverosa del pavimento scricchiolare sotto i suoi passi. Veniva da me e mi accarezzava, sussurrando: "Piccola Fatima". Il mattino dopo, nascosta dietro la tenda lercia in fondo allo stanzone, mi controllavo tutto il corpo per vedere se c'erano tracce di unto. Non ce n'erano. Era stato solo un incubo, di quelli che fanno i bambini quando sono spaventati.

Il lavoro cominciava con il sorgere del sole. La padrona batteva le mani tre volte, ciascuno di noi si sedeva davanti al suo telaio e dopo un attimo cominciavamo a farli funzionare tutti assieme, in sincronia[9], come se a muoverli fosse stato un unico paio di braccia. Durante il lavoro era proibito fermarsi, parlare,

[9] *in sincronia*: nello stesso tempo.

distrarsi. Potevamo guardare solo le mille spole[10] di filo colorato tra le quali scegliere quella giusta per comporre il disegno del tappeto che ci era stato affidato, confrontando il disegno che andavamo componendo con quello che ci aveva dato il padrone su un pezzo di carta appiccicato accanto a noi.

Con il passare del tempo l'aria si riempiva di calore e di polvere e di filacce[11] di lana e il rumore dei telai era così forte e cadenzato che quasi copriva la voce della città che si era svegliata e si metteva in moto. I motori delle vecchie automobili e dei furgoni carichi di merci, il ragliare degli asini già impuntati sugli zoccoli al mattino presto, le grida degli uomini, il richiamo del venditore di the, il vociare del vicino mercato. Il rumore cresceva con lo scorrere del giorno, mentre Lahore si riversava nelle strade e a me facevano male le braccia e le spalle e allora giravo la testa – un attimo – verso la porta che dava sul cortile e sul sole e non sapevo quanto mancava all'unica pausa della giornata e le mie mani e i miei piedi lavoravano da soli, per abitudine. Afferravano i fili, stringevano i nodi, manovravano i pedali, e poi ancora e ancora, mille altre volte, e mi si è formata un'altra bolla, fa male ma non importa, perché questa sera Hussain Khan misurerà il mio lavoro, giudicherà se va bene, se è fatto con cura, e poi cancellerà un segno dalla lavagna – una rupia per ogni giorno di lavoro.

Sono tre anni che cancella e quei segni sono ancora tutti là, o almeno a me pare così, certe volte mi sembra addirittura che siano aumentati – ma questo non è possibile. I segni in gesso sulla lavagna non sono come le erbe cattive dell'orto di mio padre, che crescevano da sole, in una notte, e mandavano in malora il raccolto.

Alla pausa per il pranzo ci trascinavamo fuori in cortile, intontiti dalla fatica, ci sedevamo al sole attorno al pozzo a mangiare il

---

[10] *spole*: piccoli cilindri attorno a cui si avvolge il filo.
[11] *filacce*: fili di un tessuto consumato.

nostro *chapati* con le verdure e a bere acqua, perché avevamo la gola piena di lana. Pochi avevano ancora la forza di parlare, di ridere o di cercare di giocare con due pezzi di legno o quello che c'era. Il riposo durava un'ora, la fame molto più a lungo. Poi noi rientravamo nel laboratorio, mentre Hussain Khan e la moglie si ritiravano in casa, per sfuggire all'afa del pomeriggio.

Potevano anche non sorvegliarci per qualche ora; nessuno aveva il coraggio di scappare e non potevamo non lavorare: la sera, il metro da sarto del padrone avrebbe misurato fino all'ultimo centimetro come avevamo trascorso quel tempo.

Poco lavoro niente rupia, lo sapevamo.

Così era trascorsa la mia vita, negli ultimi tre anni. Non speravo più niente. E anche gli altri – credo – non speravano in niente.

I primi mesi pensavo spesso alla mia famiglia, a mia madre, ai fratelli e alle sorelle, alla mia casa, alla campagna, al bufalo che tirava l'aratro, ai dolci *laddu* con farina di ceci, zucchero e mandorle che mangiavamo alla festa. Ma con il passare del tempo anche questi ricordi si erano sbiaditi, come la trama di certi tappeti su cui si è camminato troppo a lungo.

Fino al giorno in cui comparve Iqbal.

E con lui la libertà.

3

Iqbal, me lo ricordo bene, arrivò un mattino, all'inizio dell'estate. Il sole era alto e caldo e penetrava nel capannone di lamiera, dove noi lavoravamo, con lunghe strisce di luce in cui ballavano mulinelli di polvere. Ce n'erano due che si incrociavano proprio sulla trama del tappeto a cui stavo lavorando, facendone risaltare i colori vivaci, e io immaginavo che fossero due lame di spade impegnate in un duello mortale. Avevo deciso che una era la spada dell'eroe buono e l'altra quella del malvagio. Muovendo i pedali del telaio riuscivo a fare in modo che la spada dell'eroe, per un attimo, prendesse il sopravvento, mettendo in fuga il malvagio che poi, però, tornava alla carica implacabile.

Karim, che aveva quasi diciassette anni e aveva ormai le dita troppo grosse e goffe per intrecciare i sottili e delicati nodi dei tappeti e che perciò era diventato una specie di sorvegliante di noi bambini, diceva che lui era stato al cinema, due volte, e che c'erano delle storie così e che alla fine, dopo lunghe tribolazioni[1], vinceva sempre l'eroe buono. Che poi poteva mettersi un bell'abito di seta colorata e andare a chiedere in sposa la sua fan-

[1] *tribolazioni*: sofferenze, preoccupazioni.

ciulla favorita e il padre non poteva dire di no, anzi era contento, perché lui aveva sconfitto il malvagio, a rischio della vita.

Probabilmente era vero – che era stato al cinema, intendo, anche se a noi sembrava incredibile una simile fortuna – perché certe sere, quando era di buon umore, Karim ci raccontava gli episodi con tutti i particolari, e non se li poteva inventare, non aveva abbastanza fantasia. Erano film lunghi lunghi e complicati. A raccontarci il primo Karim aveva impiegato più di due mesi, anche perché non tutte le sere ne aveva voglia – era un tipo lunatico[2], lui. Arrivati alla fine non ci ricordavamo più l'inizio e gli avevamo chiesto di rincominciare da capo.

Pensavo che mi sarebbe piaciuto, un giorno, andare al cinema. Mio padre e mia madre non c'erano mai stati, e neanche i miei fratelli e sorelle. Eravamo troppo poveri. Il cinema era un lusso per i ricchi di città. Come la televisione.

Il padrone e la padrona avevano la televisione. Di notte, mentre cercavamo di prendere sonno, potevamo sentire quelle strane voci provenire dal salotto della casa di Hussain Khan e le luci colorate balenare[3] attraverso le stuoie alle finestre. Karim, sempre lui, sosteneva che una volta era strisciato fino a una delle finestre e aveva sbirciato all'interno, riuscendo a vedere quasi cinque minuti di una partita di cricket[4].

– Cos'è il cricket? – avevo chiesto.

– Zitta tu, stupida! – mi aveva risposto.

Ma questa, secondo me, era una bugia: è vero che Karim era un lecchino del padrone e che faceva il sorvegliante per conto suo, perché altrimenti non avrebbe saputo dove andare e come mangiare, ma non avrebbe mai avuto il coraggio di fare una cosa del genere. Guai a chi si avvicinava alla casa dei padroni.

Mi ero distratta. Feci appena in tempo a riprendere un filo che

---

[2] *lunatico*: che cambia spesso umore.
[3] *balenare*: lampeggiare.
[4] *cricket*: popolare gioco inglese a palla, in cui si fronteggiano due squadre.

mi stava sfuggendo. Il sole si oscurò. Le due spade di luce smisero di darsi battaglia. Ci girammo tutti: il padrone era sulla porta e la ostruiva con la sua mole[5]. Era vestito da viaggio, con una lunga palandrana che gli arrivava fino ai piedi e gli stivali leggeri coperti di terra rossa. Nella mano sinistra reggeva una sacca e con la destra stringeva il braccio di un ragazzo di un paio d'anni più grande di me. Lo stringeva da fargli male.

Il ragazzo non era molto alto, sottile, bruno.

Pensai che era bello. Poi pensai che no, non era bello, ma aveva quegli occhi, gli occhi del mio Iqbal che ancora adesso ricordo. Erano dolci e profondi e non avevano paura. Era fermo sulla soglia del laboratorio con l'enorme mano di Hussain che gli stritolava l'avambraccio e tutti noi che lo guardavamo – eravamo quattordici allora, più Karim, il sorvegliante. Tutti – sono sicura – pensammo la stessa cosa: che questo nuovo ragazzo che veniva ad aggiungersi a noi, uno dei tanti che in quegli anni erano arrivati o partiti, aveva qualcosa di diverso che sul momento non riuscimmo a capire bene. Ci guardò, uno per uno: era triste, certo, come chi da tanto tempo è lontano da casa, dai suoi genitori e dai suoi affetti, come chi è poco più di uno schiavo, come chi non sa quale sarà il suo futuro e cosa sarà di lui, era triste come un ragazzo che non ha mai potuto rincorrere un pallone o aggirarsi per il *suk*[6] di pomeriggio cercando di rubare frutta dai banchi o giocando a piastrelle contro il muro.

Ma non aveva paura, accidenti.

– Cos'avete da guardare, voi? – ringhiò Hussain, – tornate a lavorare.

Ci girammo tutti di scatto verso i telai, ma poi ritornammo a sbirciare da sopra la spalla. Hussain portò il ragazzo nuovo ad un telaio vuoto, proprio accanto al mio, trasse da sotto la pedana una catena arrugginita e gliela fissò al piede destro.

[5] *mole*: grande statura.
[6] *suk*: il tipico quartiere del mercato.

– Questo sarà il tuo posto – gli disse, – qui lavorerai. E se lavorerai bene…

– Lo so – disse lui.

Hussain rimase un attimo interdetto[7]. Prese la solita lavagna, già tutta ricoperta di segni.

– Questo è il tuo debito – cominciò, – e ogni sera io…

– Lo so – disse il ragazzo nuovo.

– Va bene – disse Hussain, – va bene, signor Sotutto. Il tuo precedente padrone mi aveva avvertito che sei ostinato e superbo. Ma qui ti passerà la voglia. Mi ha anche detto, però, che nessuno sa lavorare come sai fare tu, se vuoi. Vedremo. Vedremo.

Hussain si avviò verso la porta. Sulla soglia si fermò e puntò il grosso indice verso Karim:

– E tu sorveglialo bene! – latrò[8].

Karim fece segno di sì con la testa ma non sembrava molto convinto.

Il ragazzo nuovo sedette al suo posto e iniziò subito a lavorare. Restammo tutti a guardarlo in silenzio e con la bocca aperta. Nessuno era abile e veloce come lui, nessuno sapeva stringere i nodi con tanta precisione e delicatezza, le sue dita volavano tra le spole del telaio come mai avevamo visto fare prima. E il disegno che Hussain gli aveva assegnato era uno dei più difficili.

Uno alla volta rincominciammo anche noi a lavorare. Di una cosa eravamo tutti sicuri: quello non era una "testa di legno", oh no. Non era per quello che lo avevano incatenato.

Era per qualcos'altro.

– Come ti chiami? – gli chiese Karim, cercando di fare la voce burbera[9].

– Iqbal – rispose lui, – Iqbal Masih.

---

[7] *interdetto*: incerto, stupito.
[8] *latrò*: gridò.
[9] *burbera*: severa.

4

Quella notte stessa, dopo che il padrone ebbe spento le luci e fummo sicuri che si fosse addormentato, mettemmo Alì – il più giovane di tutti noi – a guardia della porta e sgattaiolammo attraverso il laboratorio per conoscere il ragazzo nuovo. Con me vennero Karim, che non rinunciava mai al suo ruolo di sorvegliante e che avrebbe potuto impedircelo, ma non resisteva alla curiosità; Salman, un bambino di dieci anni circa ma che sembrava più grande della sua età, con la pelle del viso e delle mani butterata[1] dal sole e dal fango con cui aveva impastato mattoni per più di tre anni, in una fornace[2] da qualche parte verso Karachi[3], e che a tutti faceva un po' paura perché era duro e rozzo; e venne la piccola Maria, una bambina più giovane di me, minuta come un uccellino e con i capelli tagliati corti corti sotto al fazzolettone di cotone con cui si nascondeva sempre la testa. Nessuno le aveva mai sentito pronunciare una parola dal giorno in cui era

[1] *butterata*: rovinata da cicatrici.
[2] *fornace*: fabbrica di mattoni.
[3] *Karachi*: città del Pakistan meridionale, sul mare Arabico.

arrivata, all'inizio dell'inverno, e non sapevamo se fosse muta o che altro. Anche il nome Maria gliel'avevamo dato noi e l'aveva imparato subito. Dormiva raggomitolata[4] al suo telaio e mi seguiva sempre ed ovunque, come un'ombra.

Gli altri preferirono continuare a dormire, perché erano troppo stanchi o perché non avevano voglia di sentir raccontare, ancora una volta, dal ragazzo appena arrivato, una storia simile a quella di tutti noi. Eravamo tutti poveri e i nostri genitori ci avevano venduto nella speranza di poter saldare il debito che avevano contratto con il padrone della terra o con qualche ricco mercante di città. Quella era la somma che Hussain segnava con il gesso sulla lavagna di ognuno di noi.

Cosa c'era di nuovo?

Iqbal era sveglio. Sentivamo la sua catena tintinnare nel buio. La prima notte, quando arrivavi in un posto nuovo, non riuscivi mai a dormire, chissà perché. Ognuno di noi aveva avuto due o tre padroni, qualcuno anche di più, e lo sapevamo bene. Così ci stringemmo attorno a lui. Non c'era luna e a malapena potevamo distinguere le nostre forme nel buio.

– Stai attento, Alì – ci raccomandammo. Il padrone si arrabbiava molto se ci sorprendeva svegli di notte: diceva che il giorno dopo eravamo stupidi e lenti, e non lavoravamo a sufficienza.

Lui ci rispose con una serie di brevi fischi che volevano dire: "Tutto bene".

– Mio padre usciva al mattino presto – cominciò a raccontarci Iqbal, – quando spuntava il primo raggio di sole, e subito attaccava il bufalo all'aratro leggero. A quell'ora, anche d'estate, l'aria era ancora fresca e respirabile e tutto attorno potevamo vedere la distesa dei campi coltivati e le altre famiglie di servi contadini che compivano le nostre stesse operazioni. Io lo accompagnavo

[4] *raggomitolata*: rannicchiata, avvolta su se stessa.

portando in una bisaccia[5] la bottiglia dell'acqua e le verdure che mia madre aveva preparato per noi. All'inizio mio padre lavorava di buona lena[6] e le sue braccia magre sembravano non avvertire il peso dell'aratro. Ma già dopo un paio d'ore doveva rallentare e la terra sembrava diventata di sasso e io potevo vedere i rivoli di sudore che cominciavano a scorrergli sul petto e sul viso, mentre la polvere rossa gli copriva i capelli e l'aratro non affondava più come prima, e anche il bufalo si impuntava nel calore e muggiva. Poi, da mezzogiorno alle tre, il sole diventava implacabile e il caldo troppo forte per lavorare, il contorno stesso del mondo sembrava sparire nella foschia e nell'arsura[7] e allora ci mettevamo al riparo all'ombra di un albero, mangiavamo i nostri ceci e bevevamo un sorso d'acqua tiepida, mentre il bufalo sferzava nervoso la coda per liberarsi dagli insetti. "Questa è una terra benedetta" mi diceva mio padre, "è una terra fertile e buona, ben irrigata. Guarda come tutto cresce, qua basta gettare un seme nel terreno e con la benevolenza di Dio una famiglia potrebbe vivere per sempre nell'abbondanza. Ricordalo, Iqbal". "Sì, padre" rispondevo. Ma non c'era abbondanza a casa nostra, il cibo non bastava mai e mio fratello maggiore tossiva e stava male. Una volta avevo chiesto a mio padre perché era così, perché tutto il frumento e l'avena e gli ortaggi che coltivavamo venivano caricati sui carri il giorno stesso del raccolto e nella nostra capanna rimanevano solo un sacco di grano spezzato e uno di ceci secchi accanto al focolare. "Perché tutto appartiene al padrone" aveva risposto mio padre. "Ed è giusto?" "Lui è il padrone" disse papà, "e noi chi siamo?"

– Anche mio padre diceva così – intervenne Salman, – ma poi diceva anche che il padrone era avaro e cattivo e certe sere, nel

[5] *bisaccia*: borsa, sacca.
[6] *di buona lena*: con energia, senza stancarsi.
[7] *arsura*: calore intenso, siccità dell'aria.

chiuso della nostra capanna, gli lanciava maledizioni terribili. Mia madre rabbrividiva[8] e implorava: "Taci, per carità! Se il padrone ti sentisse...". Era convinta che il padrone avesse mille occhi e mille orecchie. Donne! – concluse sprezzante[9], – non capiscono niente.

Avrei voluto intervenire e dirgli il fatto suo. Era convinto che fossimo tutte stupide e inutili. Ma io lavoravo quanto lui, e certi giorni anche di più. Stetti zitta perché Salman aveva un carattere difficile e non amava essere contraddetto. Era un ribelle, una volta era anche stato giù nella Tomba, per due giorni, e quando era uscito, cotto dal calore e punto dagli scorpioni, aveva sputato in terra e aveva detto: "Questo non è niente".

Di tutte le cose lui diceva che non erano niente, in confronto alla fornace. Ma si era sempre rifiutato di raccontarci com'era, fabbricare mattoni. Io neppure riuscivo ad immaginarmelo e pregavo che il padrone non mi vendesse al proprietario di una fornace. Cosa avrei fatto, allora?

– Non bisogna parlare male dei padroni – sentenziò Karim, – noi cosa faremmo senza Hussain Khan? È lui che ci nutre e ci protegge. È lui che ci permette di lavorare e di pagare il debito delle nostre famiglie.

– Sì – lo sbeffeggiò[10] Salman, – ed è lui che uno di questi giorni ti caccerà perché non servi più a nulla e finirai a fare il vagabondo in mezzo alla strada.

– Non è vero – protestò Karim, – il padrone sa che io gli sono fedele e ha bisogno di me.

– Già, per fare la spia.

Pensai che si sarebbero accapigliati nel buio. Salman aveva ragione: Karim era sempre pronto a riferire a Hussain Khan tutto

---

[8] *rabbrividiva*: aveva i brividi per la paura.
[9] *sprezzante*: in tono di sdegnosa superiorità.
[10] *sbeffeggiò*: prese in giro.

quanto accadeva o veniva detto nel laboratorio. Ma, certe volte, sembrava che stesse con noi. Io non lo capivo.

– Mio padre è un uomo buono – disse Iqbal, – non ha mai maledetto nessuno. Ha sempre accettato il suo destino. Anche quando mio fratello maggiore si aggravò e passava le notti a tossire e a lamentarsi, mio padre non disse nulla. Mandò a chiamare il dottore al villaggio e il dottore venne, con la sua borsa e gli occhiali, si accoccolò accanto al pagliericcio[11] e con uno strumento ascoltò dentro a mio fratello, prima dentro al suo petto, poi dentro la schiena, e scuoteva la testa.

– È vero – disse Karim, – l'ho visto fare anch'io.

– Poi parlottò con mio padre, prese il cappello e la canna di bambù e se ne andò. Mia madre piangeva, aveva già perso altri figli. Il mattino dopo, mentre attaccavamo il bufalo all'aratro, mio padre mi disse che il dottore sarebbe tornato e avrebbe portato una medicina che forse avrebbe salvato la vita a mio fratello. Infatti, il dottore tornò e con lui c'era un altro uomo, vestito bene, un mercante o un proprietario di terre, e anche lui parlò con mio padre e ad un certo punto estrasse dalla fascia che portava in vita una grossa borsa e dalla borsa tirò fuori delle banconote e le fece vedere a mio padre e mio padre scosse la testa e disse: "No".

– E cosa accadde a tuo fratello? – gli chiesi.

– Non guarì. Delirò per un giorno e una notte. Mio padre non aveva più nessuno che lo potesse aiutare a lavorare i campi, io ero troppo piccolo e debole allora. Parlò a lungo con mia madre. Poi andò al villaggio cavalcando il bufalo. Tornò che era quasi sera, andò nel campo con la zappa, senza neppure cambiarsi, lavorò fino a quando non scese il buio, rientrò che respirava a fatica, non cenò, mi chiamò accanto al focolare, mi disse che un uomo gli avrebbe prestato una grossa somma – ventisei dollari disse – e io provai a fare il conto di quante rupie fossero e non ci

[11] *pagliericcio*: saccone pieno di paglia o anche foglie usato come materasso.

riuscii – e che con quella somma loro sarebbero sopravvissuti fino al prossimo raccolto e mio fratello avrebbe avuto altre medicine e sarebbe guarito, a Dio piacendo. Io avrei dovuto lavorare, mi disse, per aiutare la famiglia a estinguere[12] il debito e per molti mesi non ci saremmo rivisti, ma avrei imparato a tessere i tappeti e questo può sempre servire nella vita, chi può dirlo.

– Anche mio padre contrasse[13] un debito – sussurrai nel buio, – dopo che l'argine si ruppe e perse tutto il raccolto.

– Anche il mio – disse Karim, – ma non so il motivo.

– Mio padre – continuò Iqbal, – mi disse anche che, in alternativa, poteva mandare una delle mie sorelle, ma io gli dissi: "No, manda me". Lui mi abbracciò e mi chiese: "Hai paura?". "No" mentii. Il fabbricante di tappeti venne il mattino dopo. Arrivò in automobile, fu molto gentile, anche con mia madre. "Ti porterò in città" mi disse, "ti piacerà, vedrai". L'ultima cosa che vidi mentre mi portava via, girandomi a guardare attraverso il vetro posteriore dell'auto, fu mio padre che sferzava a sangue il bufalo trascinandolo per i campi e avreste dovuto sentire come muggiva, povera bestia.

Ci fu un attimo di silenzio.

– Oh, be' – disse infine Karim, – tu non ci metterai molto a saldare il debito di tuo padre. Io me ne intendo, ne ho visti tanti. Nessuno lavora bene e veloce come te. Cancellerai quei segni dalla lavagna come il sole cancella la neve sulle montagne.

Nel buio intravidi per un attimo il bianco dei denti di Iqbal, come se avesse sorriso.

– Il debito non si cancella mai – disse piano, – puoi essere bravo e abile e veloce quanto vuoi.

– Tu sei matto – gridò Salman, – dici così per cattiveria, dici così perché ci vuoi spaventare. Ogni giorno il padrone cancella

[12] *estinguere*: cancellare, annullare il debito, pagandolo con il proprio lavoro.
[13] *contrasse*: in questo caso significa "fece".

un segno e finiti i segni torneremo a casa. Anche con i mattoni funzionava così, che ti credi: dovevamo fabbricare mille mattoni ogni giorno e ogni mille mattoni prendevamo cento rupie. Tutta la mia famiglia ci lavorava. Anche le sorelle.

– E avete cancellato il vostro debito? – chiese Iqbal.

– No – bofonchiò[14] Salman, – ma che vuol dire. C'erano i giorni di pioggia, c'era la terra sabbiosa che non riuscivi a impastare, c'erano i mattoni che si rompevano quando uscivano dal forno e la sfortuna...

– Avete mai visto qualcuno estinguere il debito? – chiese ancora il ragazzo nuovo.

Nel buio sentivo il corpo di Maria stretto al mio. Chissà se lei sentiva e capiva cosa stavamo dicendo. Io avevo capito e mi dava fastidio che quello lì, l'ultimo arrivato, venisse a dirci queste cose. Avrei voluto dirgli: "Sei falso e bugiardo!" ma, anche se non lo conoscevo, non mi sembrava il tipo.

– No – dicemmo invece tutti, uno dopo l'altro, – no, non abbiamo mai visto nessuno pagare il debito.

– Eppure... – cercò di ribattere Salman.

In quel momento Alì, che aveva ascoltato tutto stando di guardia alla porta, emise due fischi lunghi e decisi. L'allarme. Scivolammo tutti verso i nostri giacigli. Cercai di prendere sonno e non ci riuscii. Mi girai da una parte e dall'altra. Dopo un po' riattraversai strisciando il pavimento di terra polverosa. Quello nuovo, Iqbal, era ancora sveglio anche lui. Cercai il suo orecchio per non farmi sentire dagli altri.

– Cosa volevi dire – gli chiesi stizzita[15], – che non riusciremo mai ad andarcene da qua? Che non torneremo più a casa?

– Tu chi sei? – mi chiese lui.

[14] *bofonchiò*: borbottò, mormorò.
[15] *stizzita*: indispettita, risentita, irritata.

– Mi chiamo Fatima.

Lui rimase in silenzio per qualche secondo.

– Sai mantenere un segreto, Fatima? – mi sussurrò poi.

– Certo che sì, per chi mi hai presa?

– Allora a te lo posso dire – abbassò ancora di più la voce, – ce ne andremo da qua, sta' sicura.

– Hai detto che è impossibile pagare il debito – gli ricordai.

– È vero, ma noi non ce ne andremo in quel modo.

– E come, allora? Mi sa che aveva ragione il padrone a chiamarti signor Sotutto.

– Scapperemo, ecco come.

– Tu sei matto!

– Non sono matto. Scapperemo, e tu verrai con me.

Non lo conoscevo. Poteva essere solo un fanfarone[16], o magari era matto davvero. Eppure gli credetti. Tornai al mio giaciglio e per tutto il resto della notte mi rigirai inquieta. Avevo quella frase in testa e non riuscivo a cacciarla. Era più insistente di una mosca dei cavalli.

"Scapperemo!"

[16] *fanfarone*: spaccone, persona che parla a sproposito.

5

Per più di un mese non accadde nulla di nuovo. Il caldo era sempre più opprimente e il lavoro sempre più duro. Hussain Khan si aggirava inquieto per il laboratorio torcendosi[1] le mani, invocando invano il nome di Allah e del Profeta[2], distribuendo minacce e promesse, carezze untuose e scapaccioni, indistintamente a tutti. I più esperti di noi sapevano bene a cosa era dovuto questo atteggiamento: stavano per arrivare dei clienti, probabilmente stranieri, e il nostro padrone temeva che i tappeti a cui stavamo lavorando non fossero sufficientemente belli e perfetti e di gradimento di quegli illustri signori.

Ci chiamava "piccoli miei", "piccioncini" o addirittura "figli miei adorati", ci ricordava di averci sottratto ad una vita di stenti e di fame e che a mantenerci, in fin dei conti, lui ci rimetteva. Ci supplicava di non rovinarlo – anche perché la sua rovina sarebbe stata la nostra rovina – e poi ci minacciava delle più orrende punizioni. Ed in effetti, lo sapevamo bene, nel periodo che pre-

[1] *torcendosi*: fregandosi con energia.
[2] *Allah … Profeta*: Allah è il nome con cui i musulmani indicano il loro Dio; il Profeta è Maometto, che nel 622 fondò la religione islamica.

cedeva l'arrivo dei clienti era facilissimo finire nella Tomba, anche per una mancanza da niente.

Arrivavamo alla sera stremati e con le dita sanguinanti per i tagli che i fili ci facevano sui polpastrelli. Karim era quello che più di tutti temeva l'ira di Hussain: se il padrone lo avesse cacciato, cosa avrebbe potuto fare lui, che non aveva più una casa e una famiglia alla quale tornare? Sarebbe finito in qualche angolo del *suk* affidato alla pietà dei credenti. Per cui durante il giorno dovevamo subire anche le sue sfuriate e le sue minacce di fare la spia al padrone, se appena ci permettevamo di alzare un attimo la testa.

Ma poi, di notte, si lasciava impietosire dalle nostre lacrime e dalla vista delle nostre mani martoriate[3], si alzava dalla sua branda brontolando e dicendo che eravamo dei rammolliti buoni a nulla, accendeva un lume schermato e ci dava un po' di unguento[4] da spalmare sulle ferite, prendendolo da un grosso barattolo di latta che si era procurato chissà dove.

Anche se molti di noi furono puniti per le sue spiate, devo dire, ripensandoci, che Karim non era cattivo. Sapevamo tutti la sua storia: era stato ceduto a Hussain Khan che aveva poco più di sette anni e da allora la sua vita si era tutta svolta là dentro, quella casa era diventata la sua casa e credo che – addirittura – in un certo qual modo si fosse anche affezionato a Hussain, nonostante avesse lavorato come noi, pianto come noi, sperimentato la Tomba come noi. Ma Karim – come tutti noi – non era nato lupo e non aveva scelta. Adesso che era troppo grande e inutile per la produzione dei tappeti, temeva di essere semplicemente gettato via, come si fa con un paio di scarpe vecchie e bucate.

Noi lo odiavamo quando ci faceva punire, ma, in un certo qual modo, capivamo che il suo destino, un giorno, avrebbe po-

[3] *martoriate*: ferite, piene di vesciche.
[4] *unguento*: pomata.

tuto essere il nostro. Anche se non ci capitava spesso, allora, di pensare al futuro.

L'unico a essere risparmiato da quella bufera di minacce e promesse era proprio Iqbal. A lui raramente Hussain rivolgeva un rimprovero, ma neppure si permetteva di fargli una delle sue untuose e false carezze. In genere passava davanti al telaio di Iqbal, guardava a che punto era con il lavoro e non diceva niente. Anche Iqbal lo ignorava: non si distraeva dal lavoro, non piangeva, non si lamentava, non approfittava di quando Hussain gli girava la schiena per fargli una pernacchia o qualche gestaccio.

– Si vede che la catena lo ha ammorbidito – commentava qualcuno dei ragazzi.

– No, no – diceva qualcun altro, – è che vuole diventare il cocco del padrone.

Io sapevo che queste cose non erano vere. Ma Iqbal per primo non si preoccupava di queste insinuazioni e di rispondere per le rime a quelli che lo prendevano in giro. Avremmo dovuto essere uniti tra noi bambini, visto che dividevamo tutti la stessa sorte e la stessa vita, e invece spesso litigavamo e ci dividevamo in gruppi e i più grandi approfittavano dei più piccoli, come se questo avesse potuto cambiare il nostro destino e farci stare meglio.

– Lasciali perdere – si limitava a dire Iqbal.

Un mezzogiorno, durante la pausa per il pranzo, mentre cercavamo di riprendere fiato nel cortile bruciato dal sole, Karim cominciò a parlare, assumendo quell'aria furba e misteriosa di tutte le volte che stava per farci qualche confidenza che aveva saputo dal padrone.

– Dobbiamo trattarlo bene il nostro nuovo amico – disse indicando Iqbal, – lui è speciale. È prezioso. Ho sentito Hussain che lo diceva a un altro fabbricante.

Tutti si fecero subito molto attenti.

– E cosa avrebbe di tanto speciale?

Karim aspettò che l'attenzione fosse interamente concentrata su di lui. Prima fece un gesto come a dire: "Lo so io, ma è un segreto"; poi si guardò attorno, per accertarsi che nessuno lo ascoltasse all'infuori di noi; scosse le spalle, sputò nella polvere, abbassò la voce ad un sussurro che a malapena si sentiva e bisbigliò:

– Il tappeto, quello a cui lui sta lavorando, non è un tappeto come tutti gli altri. No. È un Bukhara[5] azzurro. Mai sentito? Tappeti così se ne producono solo due in un anno, forse tre. Hussain l'ha detto, l'ho sentito io con le mie orecchie. Un tappeto così vale un sacco di soldi e mica lo può fare uno qualunque. Ci vuole un artista per un tappeto come quello.

Si interruppe, sputò di nuovo nella polvere.

– Be', il nostro amico qui è un artista. Chi l'avrebbe mai detto, eh?

Quindici paia d'occhi si girarono a guardare Iqbal.

– È vero? – gli chiesero.

Iqbal era diventato rosso come un peperoncino piccante, di quelli che si mettono nell'arrosto di montone.

– Non lo so – borbottò.

– Sì che lo sa – intervenne di nuovo Karim, – perché ne ha già fatto uno. L'ha detto Hussain, l'ha detto.

– È vero? È vero? – chiesero in molti.

– Io ho avuto altri tre padroni prima di Hussain Khan – rispose Iqbal, – e sì, per uno di loro ho fatto un tappeto così.

– E come ci sei riuscito?

– Non lo so. Ho copiato il disegno che mi aveva dato.

Restammo tutti in silenzio per qualche minuto, a rimuginare[6] sul significato di quelle notizie.

– Ma se è così – disse poi lentamente un ragazzo che con la sua famiglia era scappato dall'India e che incespicava[7] un po'

5 *Bukhara*: tappeto in lana, generalmente a fondo rosso, o in seta con diverse tonalità di colore, con disegni geometrici il cui motivo principale è il *gul*, ossia un fiore stilizzato, emblema delle varie tribù.
6 *rimuginare*: riflettere, pensare tra sé e sé.
7 *incespicava*: inciampava, si bloccava.

sulle parole, – allora perché i tuoi padroni precedenti ti hanno venduto?

– Non lo so – borbottò di nuovo Iqbal.

Si vedeva che era imbarazzato da questa storia e non gli faceva piacere che Karim ne avesse parlato.

– E tu, Karim, tu che sai tutto, lo sai perché i suoi padroni lo hanno venduto, se è così bravo come dici?

Karim assunse un'aria di superiorità:

– Io lo so – rispose, – ma non ve lo posso dire. Il padrone si fida di me e non ama che racconti in giro le sue confidenze.

Facemmo tutti *buuuh!* perché Karim era un pallone gonfiato e lui si arrabbiò. Poi, quando fu tornata la calma, un bambino scuro scuro di pelle, che veniva dal Sud e che aveva visto il mare, si alzò dal bordo del pozzo dov'era rimasto seduto fino ad allora e avanzò in mezzo a noi.

– Ma allora – disse, – allora il padrone ti cancellerà il debito. Se quel tappeto vale veramente tanto, cancellerà il tuo debito.

Facemmo tutti segno di sì con la testa. Una simile fortuna non si era mai vista.

– Potete esserne sicuri – esclamò Karim, – dovreste vedere che paura ha Hussain Khan che Iqbal non finisca in tempo il lavoro o che non lo faccia bene o che commetta qualche errore, che poi il tappeto è da buttare. Glielo cancellerà. Voi sapete che Hussain è un padrone giusto e generoso.

Su questo molti di noi avevano dei dubbi. Ma tutti guardavamo Iqbal con occhi diversi, quasi tutti con invidia: ce l'avrebbe fatta, lui.

– Non mi cancellerà il debito – disse Iqbal lentamente, – neanche i precedenti padroni l'hanno fatto. Il debito non si cancella mai.

Si alzò un coro di proteste: e allora noi che speranze avevamo, perché dovevamo lavorare dall'alba al tramonto e lui, Iqbal, chi credeva di essere, in fin dei conti era l'ultimo arrivato e il più fortunato di tutti e non aveva il diritto di prenderci in giro così?

Anche Salman e Alì, che avevano partecipato al primo colloquio notturno con Iqbal, pensavano che avesse mentito, tanto lui era sicuro che sarebbe tornato libero.

– Sei un bugiardo! – gli gridò Alì, – e quasi piangeva.

Salman fremeva dalla rabbia.

Nei giorni successivi molti presero Iqbal a malvolere[8] e dicevano che era un presuntuoso e che stava dalla parte di Hussain, come Karim.

Io cercavo di difenderlo, ma ero solo una bambina.

Avevo preso l'abitudine, quasi tutte le notti, prima di addormentarmi, di scivolare fino al giaciglio di Iqbal, che era vicino al mio, e di chiacchierare un po' con lui. Non credevo a tutte quelle cattiverie sul suo conto e poi, anche se il padrone gli avesse cancellato il debito, be', ero contenta per lui.

Ce ne stavamo al buio, a mezzo metro di distanza, ad ascoltare i rumori della città: il traffico che non si fermava mai, diventando solo un po' più sordo e ovattato, un improvviso scoppio di grida, il berciare[9] di un uomo che non aveva rispettato il precetto di astenersi dall'alcol e altri rumori misteriosi e confusi di cui non riuscivamo a indovinare la causa. Eravamo nati in campagna e là i rumori che spezzavano il silenzio della notte avevano tutti un nome ed un'origine familiare e conosciuta: un uccello predatore, un bufalo che si era sciolto dalla cavezza[10], un randagio impazzito dietro alla scia di un odore o anche il frusciare di uno spirito inquieto, di cui avremmo trovato traccia, il mattino dopo, sulla corteccia graffiata degli alberi. Ma neppure degli spiriti avevamo veramente paura, perché facevano parte delle cose del mondo, anche se di quello invisibile.

La città, invece, non la conoscevamo: l'avevamo intravista con-

[8] *presero ... malvolere*: ebbero un atteggiamento ostile.
[9] *berciare*: gridare sguaiatamente.
[10] *cavezza*: fune che serve a legare per il capo un animale per condurlo.

fusamente per pochi minuti attraverso i finestrini del furgone del padrone quando era venuto a strapparci alle nostre famiglie o in occasione di qualche altro trasferimento.

Io mi ricordavo soprattutto della gente, tanta gente quanta non ne avevo mai vista in vita mia, che correva da una parte e dall'altra, e mi sembrava che nessuno, in realtà, sapesse bene dove andare.

Iqbal, invece, era rimasto colpito da un autobus, un enorme colorato luccicante autobus di quelli che abbiamo noi in Pakistan, pieno di fanali e cromature e trombe che muggiscono come un'intera mandria di bufali e che gli permettono di farsi largo nel caos delle strade. Era la prima volta che ne vedeva uno.

– Ecco – diceva Iqbal, – vorrei salire su uno di quegli autobus e sedermi accanto al finestrino e fare il giro di tutta la città, due volte, e vedere dove va tutta quella gente che corre.

– No, no – replicavo io, – meglio andare al cinema. Voglio vedere una di quelle storie d'amore che ogni tanto ci racconta Karim. Pare che ci siano dei grandi cartelloni colorati con su la storia del film e le facce degli attori. Pare che alcuni siano molto famosi e che per la strada li riconoscano.

– Gli attori non vanno in giro per la strada.

– Tu che ne sai? Qualcuno sì.

Oppure parlavamo delle nostre famiglie, di quello che ancora ricordavamo di loro o di quello che ormai ci eravamo dimenticati e, forse, non avremmo ricordato mai più. Io non avevo alcun ricordo di mio padre e solo qualche sbiadita immagine di mia madre. Iqbal, invece, ricordava tutto, anche la disposizione degli oggetti nella capanna dove aveva abitato o il modo che aveva suo padre, ogni mattina prima dell'alba, di scendere al torrente per le abluzioni[11] e di avviarsi poi verso la stalla con i capelli ancora umidi.

---

[11] *abluzioni*: lavaggi sommari del corpo, o di alcune sue parti.

Poi mi confidò che ogni notte, prima di addormentarsi, ripassava nella mente i suoi ricordi, uno per uno, con ostinazione, per timore di dimenticarsene.

– Cosa te ne fai? – gli chiesi.

– Mi aiutano – rispose.

– A fare che?

– Ad andarmene da qua.

Ecco, io di questa cosa di scappare non gliene avevo più parlato, per non metterlo in imbarazzo. Sapevo che l'aveva detta così, per darsi un po' di arie, magari per fare colpo su dei bambini sconosciuti o anche solo perché far finta di credere in questa cosa gli serviva per stare meglio. "Non c'è nulla di male", pensavo.

E poi pensavo anche: "Se fosse vero!".

Ma per scappare bisogna avere un posto dove andare e che cosa avrei fatto, fuori di là, in una città che non conoscevo e che mi faceva paura? Chi si sarebbe preso cura di me, con tutti quei rumori di cui non sapevo il nome? Avrei fatto come Karim, che preferiva rimanere con Hussain Khan tutta la vita.

Senza fare la spia, però.

Forse era per questo che, nonostante gli sforzi, al mattino non riuscivo neppure a sfiorare il bordo della finestrella del bagno: avevo paura di riuscirci.

E poi, perché sarebbe dovuto scappare uno come lui, che stava per essere liberato in ricompensa del suo lavoro? Sarebbe stato da sciocchi.

Così non gli dissi nulla.

Tre giorni dopo, proprio quando stavano per arrivare i clienti stranieri, approfittando della pausa per la pipì, Iqbal fece quella cosa.

6

Era una mattina speciale. Quando arrivavano i clienti stranieri, Hussain non poteva trattarci troppo male davanti a loro e doveva far credere che eravamo felici e contenti.

"Questi sono i miei allievi" diceva distribuendo carezze a destra e a manca[1], "qui da me imparano un lavoro onesto che permetterà loro di assicurarsi un futuro migliore, senza fame e miseria. In effetti, per me sono come dei figli."

Non so se gli stranieri gli credevano o no. Gli stranieri sono gente strana. In genere erano uomini elegantemente vestiti e con gli occhi freddi, ma ogni tanto veniva anche qualche donna, qualche signora con le gambe e le braccia scoperte e i capelli profumati, che ci guardava sorridendo e diceva: "Che bei bambini!".

Non lo so se eravamo così belli.

Quella mattina, comunque, avevamo ricevuto una colazione più abbondante del solito – e già questo ci metteva di buonumore – e potevamo ridere e chiacchierare mentre stavamo in fila in

[1] *a manca*: a sinistra. La locuzione *a destra e a manca* significa "dappertutto".

attesa di superare la tenda lercia del gabinetto – la "Porta del Paradiso" l'aveva soprannominata qualche miscredente[2].

Le "teste di legno" avevano già fatto i loro comodi e per quel giorno, in omaggio agli stranieri, non sarebbero neanche stati incatenati e noi aspettavamo il nostro turno dandoci gli spintoni.

– Buoni, bambini, buoni! – gridava la padrona, ma non suonava come una minaccia, a differenza del solito. Anche Hussain, che in genere compariva a metà mattina aggiustandosi i pantaloni, con la faccia gonfia di sonno, era già sveglio e agitato e sudava e parlava in continuazione.

Karim era terrorizzato all'idea che qualcosa potesse andare storto e che Hussain se la prendesse con lui. I tappeti che avevamo tessuto fino ad allora erano pronti nel magazzino e quelli a cui stavamo lavorando facevano bella mostra di sé sui telai. Insomma, c'era quasi aria di festa.

In attesa del mio turno, con la piccola Maria appiccicata alla gonna, mentre cercavo di difendermi dalle gomitate di Alì e dai pizzicotti di Salman, mi sentivo una strana sensazione dentro, come un vento nel petto: ero sicura che quella mattina avrei spiccato un salto altissimo – come volare – e sarei riuscita per la prima volta ad afferrare il bordo della finestrella sopra il gabinetto alla turca.

Certo, nessuno immaginava quello che sarebbe successo.

Iqbal non era in fila con noi, se ne stava accanto al suo telaio, ma nessuno ci faceva caso. L'ho detto: in quei giorni tutti tendevano ad evitarlo, perché erano invidiosi, e anche lui stava molto per conto suo, come se avesse gravi[3] pensieri. Tra l'altro, il padrone gli aveva tolto la catena già da un po', e anche questo era stato interpretato come un segno di particolare favore.

Non andai al gabinetto, quella mattina, e non raggiunsi la mia finestrella da cui si vedeva il ramo del mandorlo.

[2] *miscredente*: persona che non crede nella religione.
[3] *gravi*: seri, importanti.

È strano come certi particolari si ricordino anche a distanza di anni, lucidi e precisi come se fossero avvenimenti successi ieri, e non tanto tempo fa. Ho quella scena qui, davanti agli occhi, e ancora mi batte il cuore.

Ricordo Hussain, che andava su e giù lungo la nostra fila, eccitato e nervoso. Ricordo come si fermò di colpo, come smise di agitare le mani e sbiancò in volto. Guardava qualcosa alle nostre spalle. Ricordo i suoi occhi dilatati e la sua bocca, con i denti anneriti dal tabacco, che si apriva lentamente. Ci girammo tutti assieme, come se una grande mano ci avesse afferrato e costretto a ruotare la testa. Non dimenticherò mai più la scena.

Iqbal era in piedi accanto al suo posto di lavoro. Dietro di lui c'era il tappeto, quel meraviglioso tappeto di un azzurro che non si era mai visto, con un complicato disegno floreale, ed era perfetto. Iqbal ne aveva completato quasi un terzo, aveva lavorato meglio e più velocemente di quanto avrebbe saputo fare chiunque altro. Gli stranieri sarebbero impazziti per un tappeto così.

Iqbal era pallido anche lui, ma meno di Hussain Khan. Prese il coltello che usavamo per tagliare le filacce dei nodi, lo alzò sopra la testa, ci guardò tutti, uno per uno, si girò con calma e tagliò il tappeto dall'alto in basso, proprio a metà.

"No" pensai, "non farlo!"

Sentimmo distintamente, nel silenzio che era calato nel laboratorio, lo *sstrappp* dei fili recisi[4].

Hussain Khan urlò come un maiale ferito. La padrona urlò. Karim urlò, perché lui faceva tutto quello che facevano i padroni. Li vedemmo correre attraverso il laboratorio, sollevando una nube di polvere e di stoppa[5], intralciandosi a vicenda, inciampando, imprecando e bestemmiando come dei veri credenti non dovrebbero mai fare, ma correvano piano, come succede nei sogni, che corri corri e non arrivi mai.

---

[4] *recisi*: tagliati.

[5] *stoppa*: materiale di scarto della canapa o del lino, che non può essere filato.

Prima che potessero afferrarlo e disarmarlo, Iqbal aveva usato altre due volte il coltello e adesso il tappeto più bello del mondo era un ammasso di lana sporca sulla terra rossa del pavimento.

Poi, altrettanto all'improvviso, calò il silenzio e sembrava che non dovesse finire più. Noi, per istinto, ci eravamo ammassati in un angolo del laboratorio, come per proteggerci meglio. Hussain Khan era in piedi davanti a Iqbal e lo dominava con la sua mole. Era rosso in viso e le vene del collo erano gonfie come se stessero per scoppiare. Stringeva in mano il coltello che aveva tolto a Iqbal e per un terribile momento pensammo tutti: "Lo ammazza!".

La padrona singhiozzava, raccoglieva i pezzi del tappeto e li ripuliva dalla polvere rossa, come se fosse stato possibile, per un miracolo, rimetterli assieme.

Karim si prese la testa tra le mani, disperato, neanche fosse stata roba sua.

– Maledetto – sibilò Hussain, – maledetto! Me l'avevano detto che eri un ribelle, un traditore. Me l'avevano detto: "Hussain non ti fidare! È una vipera. Un serpente velenoso. Un ingrato". E io, sciocco e cieco, che pensavo... Me la pagherai, oh, se la pagherai.

– Nella Tomba – ululò la padrona, – gettalo nella Tomba e non farlo uscire più!

Lo afferrarono per le braccia e lo trascinarono in cortile. Noi li seguimmo, come una nidiata[6] di pulcini impauriti. Ci fermammo sulla porta. Vedemmo Iqbal sbucciarsi le ginocchia sui sassi del selciato, picchiare un braccio contro l'orlo del pozzo. Il padrone si fermò davanti alla porta di ferro arrugginito nascosta là in fondo, la fece ruotare a fatica sui cardini corrosi, lo vedemmo scomparire giù per le scale, nel buio, strattonando Iqbal e poi sentimmo il rumore, quel rumore tremendo e pauroso che popolava i nostri incubi di notte, il coperchio della Tomba che veniva sollevato e poi, *sbam!*, lasciato cadere, e il suono rimbombò ancora a lungo nell'afa pesante del cortile.

[6] *nidiata*: insieme di cuccioli.

Non si respirava. Non c'era vento. Anche la polvere non si muoveva. Solo i tafani continuavano a martoriarci le gambe, ma nessuno aveva voglia di scacciarli.

Hussain Khan risalì da sottoterra, lento, pesante, sentimmo i suoi passi sugli scalini uno per uno. Quando emerse al sole strizzò gli occhi. Rinchiuse la porta di ferro con una sola zampata e avanzò verso di noi che ancora stavamo abbarbicati[7] all'entrata del laboratorio.

– Al lavoro! – ringhiò.

Tornammo ai nostri telai. Riprendemmo a lavorare. Tutti assieme. Lo stesso movimento. Lo stesso rumore.

Tunf, tunf, tunf.

Hussain stava alle nostre spalle, in silenzio. Sentivamo i suoi occhi bucarci la schiena.

Non era più un giorno di festa.

Tunf, tunf.

Alì, che lavorava alla mia destra, riuscì per una frazione di secondo a voltarsi verso di me. Con il movimento delle labbra formulò una domanda silenziosa: "Perché l'ha fatto?".

Feci velocemente segno: "Non lo so".

Mentre veniva trascinato sulle pietre del cortile, un attimo prima di scomparire giù per la scala che portava alla Tomba, Iqbal aveva ruotato la testa all'indietro e mi aveva guardata. Guardava proprio me, sono sicura. Mi aveva guardata a lungo, fino a quando non lo aveva inghiottito l'oscurità.

Voleva dirmi qualcosa. Forse voleva dirmi perché l'aveva fatto, perché aveva sfidato il padrone in quel modo folle.

Io non ero sicura di aver capito. Ma una cosa l'avevo vista chiaramente: Iqbal aveva paura come tutti noi, in quel momento.

Ma l'aveva fatto ugualmente.

---

[7] *abbarbicati*: aggrappati, avvinghiati.

7

La Tomba era una vecchia cisterna[1] interrata sotto il cortile, chiusa da un tombino a grata che guardava sulle scale umide e scivolose che salivano verso la porta di ferro. Non c'era luce laggiù, assicuravano quelli che c'erano passati, solo qualche raggio di sole riusciva faticosamente a filtrare, a metà pomeriggio, tra i buchi e le crepe prodotte dal tempo e dalla ruggine nella porta che dava sul cortile. E non c'era aria, si soffocava là sotto.

– Non respiri – ci disse Salman che l'aveva sperimentata mesi prima per aver rotto, correndo, la brocca smaltata a fiori gialli e blu con cui la padrona ci portava da bere al mattino, – ti senti soffocare e credi di impazzire. Quando comincia a mancarti l'aria ti sembra che qualcuno ti abbia afferrato per la gola e stringa. E poi c'è il buio. Dopo tanto che stai al buio vedi delle forme strane, e dei colori anche, ma non ti aiutano, anzi, ti fanno ancora più paura. Io so di uno che quando è uscito era diventato pazzo e nessuno lo riconosceva.

– E poi ci sono i ragni – disse un altro, un ragazzo che veniva dalle montagne e perciò parlava strano, – grandi così – mostrò il

[1] *cisterna*: pozzo, serbatoio, vasca.

palmo della mano – e gli scorpioni. Sono brutti gli scorpioni. Pizzicano e mordono e hanno il veleno. E poi ci sono le bisce.

– Non ci sono bisce – disse Salman sprezzante, – mica c'è più l'acqua.

– Sì che ci sono – ribadì il montanaro, – io le ho viste.

– Tu non sei mai stato nella Tomba – lo zittì Salman, – meglio che taci.

Eravamo tutti svegli quella notte, nonostante la fatica e la fame, perché il padrone ci aveva costretto a lavorare un'ora di più, anche dopo il tramonto, e non ci aveva dato la cena. I clienti stranieri erano venuti, ci avevano a malapena guardati, avevano caricato di tappeti macchine e furgoni e se n'erano andati. Hussain Khan doveva aver fatto buoni affari. In genere dopo la visita degli stranieri festeggiava con la padrona fino a notte inoltrata, sentivamo la musica della radio e quella di un altro strumento che si chiamava grammofono[2] – come ci aveva spiegato Karim. Ma non era la nostra solita musica, quella che eravamo abituati a sentire alle fiere, quando gli uomini del villaggio si ritrovavano per vendere il bestiame: era una musica strana, piena di rumori e non capivamo le parole delle canzoni.

– Roba straniera – ci aveva detto Karim con aria saputa, – roba che viene da lontano.

Ma quella volta la casa dei padroni era buia e silenziosa, come una minaccia.

– La pagherete – aveva detto Hussain prima di andare a dormire, – la pagherete tutti per quello che ha fatto il vostro amico. Perché eravate tutti d'accordo con lui, sono sicuro.

Solo un paio di quelli più sciocchi e paurosi avevano provato a difendersi e a dire che no, loro non c'entravano niente. Ma erano stati zittiti a pizzicotti. Nessuno ce l'aveva con Iqbal, questa volta.

---

[2] *grammofono*: giradischi.

– C'è troppo caldo – sussurrai, – come farà a sopravvivere là sotto?

– Sarà come alla fornace – borbottò Salman, – forse peggio. Io non so di nessuno che sia stato nella Tomba in piena estate. E voi?

Tutti fecero segno di no. Il sole era stato implacabile, quel pomeriggio, ed eravamo coperti di sudore, anche adesso che era notte, e ci sentivamo la testa bollire, come avessimo la febbre.

– Nessuno può uscire vivo dalla Tomba, in piena estate – disse qualcuno nel buio.

"State zitti! State zitti!" avrei voluto gridare. Accanto a me Maria e Alì tremavano di paura.

– Io l'ho visto uno uscire dalla Tomba in estate – disse Karim con quella sua voce profonda, quasi da adulto, – cinque giorni ce lo tenne, Hussain. È successo tanti anni fa. Io ero piccolo, allora, ma lo ricordo bene. C'era questo ragazzo, più grande di me, non so da dove veniva. Gli mancava un orecchio, questo sì, e aveva un'aria feroce. Sembrava un cane di strada e ci faceva paura.

– Cosa fece? – chiedemmo.

– Si rifiutò di lavorare, ecco cosa fece. E allora Hussain lo frustò. Lo frustò per bene, dovevate vedere. Lui neanche gridò, proprio come un cane.

– E poi?

– Continuò a rifiutarsi di lavorare. E quando Hussain gli si avvicinò una seconda volta con la frusta in mano, deciso a levargli la pelle, ve lo immaginate? Lo morse. Lo azzannò ad un braccio e non mollava più – Karim sputò per terra. – Proprio come un cane.

– E allora il padrone lo mise nella Tomba?

– Cinque giorni ce lo mise.

– E uscì?

– Sì che uscì. Lo portarono su a braccia che sembrava morto, ma non morì. Era tutto bruciato dal calore e la pelle gli veniva via. Rimase una settimana sdraiato sul suo giaciglio, gli mettevamo sulla faccia uno straccio bagnato. Poi si alzò e cominciò a lavorare. Dico io: tanto valeva che lo facesse prima, no? Comunque non fu più lo stesso: sembrava ancora un cane, ma di quelli che tengono sempre la coda tra le gambe.

– Iqbal non farà così – gridai.

– Cederà anche lui – disse Karim, – cosa credi? Mica è speciale. Sì, pare che si sia sempre ribellato a tutti i padroni che ha avuto. Ho sentito Hussain che lo diceva. Per questo lo vendevano sempre, anche se è così bravo. Ma Hussain, lui sa come fare.

– Iqbal non cederà – ripetei, – e lo dobbiamo aiutare.

Ci fu qualche mormorio di assenso.

– Aiutarlo? – borbottò Karim. – Intanto abbiamo saltato la cena, per colpa sua.

– Tu taci, che tanto hai mangiato lo stesso – lo rimbeccò Salman. – Io ho conservato del pane.

– E io ho dell'acqua – dissi, – andiamo.

– Voi siete matti – gridò Karim, – io vi proibisco... Se il padrone vi scopre poi se la prende con me...

– Zitto tu! – disse Salman con aria decisa.

Scivolammo fino alla porta del laboratorio. Ogni notte Hussain Khan la chiudeva con un vecchio catenaccio a tripla mandata. Precauzione inutile, secondo me: dove saremmo potuti scappare? Ma adesso non sapevamo come uscire.

– Lui ha le chiavi – disse Salman indicando Karim, – apri, svelto.

– Te lo scordi!

– Facciamo così: tu ci apri e vieni con noi. Se il padrone ci scopre, dirai che abbiamo cercato di scappare e che ci sei venuto dietro per riprenderci. Ma se non ci aiuti, parola mia...

Ora, è vero che Karim era più grande, ma era un ragazzo magro e gracile e non era mai stato molto coraggioso, mentre Salman era robusto come un torello e temuto da tutti.

Karim si grattò la testa, si appoggiò su un piede, poi sull'altro, si guardò attorno come a cercare conforto: non ne trovò, sputò a terra e disse:

– Accidenti a voi!
Cercò la grossa chiave di ferro nella profondità dei pantaloni, tirò su con il naso, fece ancora un po' di scena, poi aprì.

Era da poco passata la mezzanotte quando ci ritrovammo all'aperto. Era una notte senza luna, il cielo era nero e pulito, perché raramente in estate ci sono nuvole nel cielo, al mio paese, e si sentiva appena un filo d'aria muovere le foglie degli alberi. Restammo un attimo sulla soglia, a farci asciugare il sudore dalla faccia.

"Chissà com'è là sotto?" pensai, e mi venne un brivido di paura.

Strisciammo carponi[3] fino al bordo in pietra del pozzo, io, Salman e il piccolo Alì che si era ostinato a seguirci. La casa del padrone era buia e minacciosa. Sapevamo che Hussain Khan aveva un sonno profondo, da bue, certe notti lo sentivamo russare con un frastuono da temporale. Ma la padrona, lei, sentiva qualunque rumore, anche il minimo fruscio, anche il battito d'ali di un uccello notturno. L'avevamo vista più di una volta aggirarsi nel buio, stretta nella vestaglia, borbottando con aria feroce, scrutando gli angoli del cortile.

– E se ci scoprono?

Dal bordo del pozzo, in due salti, raggiungemmo il riparo rappresentato dal furgone di Hussain. C'era odore di benzina e di olio bruciato. Ma da lì, fino alla porta in ferro che conduceva alla Tomba, c'era un lungo tratto di cortile scoperto che passava proprio sotto le finestre della casa. Mi sembrava impossibile riuscire ad attraversarlo senza svegliare la padrona. Ero sicura che in quel momento fosse lì, in piedi, nascosta dietro la tenda come un animale predatore, in attesa che facessimo anche un solo passo.

Per un attimo, ma solo per un attimo, pensai: "Forse è meglio tornare indietro", ma subito mi vergognai. Mi girai a guardare la

[3] *carponi*: a quattro zampe.

faccia pustolosa[4] di Salman: probabilmente stava pensando la stessa cosa, ma sapeva anche che toccava a lui. In fin dei conti io ero una ragazza, no?, e Alì era troppo piccolo.

– Vado – sussurrò dopo aver ingoiato tre volte.

Cominciò a strisciare carponi sui gomiti e sulle ginocchia, stringendo tra i denti il fagotto in cui aveva avvolto il pane. Era lento, accidenti com'era lento, e poi aveva quell'enorme sedere puntato verso l'alto che chiunque avrebbe potuto vedere, anche al buio, da chilometri di distanza, e continuava a smuovere sassi, stava facendo un rumore incredibile e... Scomparve nelle tenebre. Nei brevi attimi di silenzio, tra una russata e l'altra, sentimmo ancora un paio di *tumpf tumpf* e poi un lieve sibilo.

– Vai! – dissi ad Alì.

Corse veloce e leggero come un gattino, in un attimo non c'era più.

Un altro sibilo.

"Be'" pensai, "tocca a te."

Uscii allo scoperto, sentendomi debole e vulnerabile[5]. Dovevo strisciare e contemporaneamente reggere con una mano la bottiglia dell'acqua che ad ogni passo minacciava di rovesciarsi. Due metri, forse tre. Era pieno di sassi taglienti che mi stavano massacrando le ginocchia. Buio pesto. Tutto faceva troppo rumore: il mio vestito che frusciava contro il terreno, i battiti del mio cuore che rimbombavano nelle tenebre, il mio respiro che diventava sempre più affannoso.

Ero proprio sotto la finestra della camera da letto. Mi appiattii il più possibile contro il suolo, con solo la mano destra alzata a reggere l'acqua.

Non arrivavo più. Mi avrebbero scoperta, sarei finita anch'io nella Tomba, in mezzo agli scorpioni e alle bisce, perché ero sicura che c'erano anche le bisce, aveva un bel dire Salman.

[4] *pustolosa*: butterata, segnata.
[5] *vulnerabile*: indifesa, fragile.

Andai a sbattere contro Salman e Alì che mi aspettavano seduti con la schiena appoggiata alla porta di ferro.

– Ce ne hai messo!

– Sei stato svelto tu!

– Dov'è Karim?

Ci guardammo attorno.

– Karim! – provammo a sussurrare, – Karim!

E Karim arrivò. Vedemmo la sua figura vestita di bianco, alta e allampanata[6], comparire un po' alla volta nelle tenebre, come un fantasma. Camminava normalmente, lento e tranquillo, con le mani nelle tasche dei pantaloni. Ci mancava solo che si mettesse a fischiettare. Sembrava che stesse passeggiando nei giardini del sultano. Ci raggiunse e ci guardò stupito:

– Mica c'era bisogno di fare tanta scena, sapete.

– Sta' giù, deficiente!

La porta in ferro era dura e pesante, con i cardini arrugginiti e bloccati dalle erbacce. Provammo a tirarla e quasi non si muoveva.

– Più forte, dai!

Si mosse di qualche centimetro, poi si aprì uno spiraglio largo un palmo e sentimmo il fetore[7] umido e pesante della Tomba salire fino a noi.

– Più forte!

La porta girò sui cardini con uno stridio terribile che spaccò in due la notte.

– Svelti!

Si accese la luce.

Restammo immobili, paralizzati come certi predatori notturni sorpresi dal cacciatore. Sentii le gambe che mi tremavano, incerte se rimanere o darsi ad una fuga disordinata.

– Scappa – mi gridò qualcuno dentro la testa, – scappa!

---

6 *allampanata*: magrissima.
7 *fetore*: cattivo odore.

La mano di Salman mi bloccò il braccio:

– Non ti muovere! – sibilò.

La finestra della camera da letto si aprì. Un riquadro di luce inondò il cortile davanti. Qualcuno – la padrona – sporse la testa, guardò da una parte e dall'altra.

Ci avrebbe visto, non poteva non vederci.

– Ho sentito un rumore, ti dico, non me lo sono sognata. Saranno quei maledetti ragazzini.

Da dentro la stanza si sentì un brontolio indistinto.

– Tu! Tu non sentiresti neanche un cannone! Vado a controllare.

Altro brontolio, più lungo e più irritato.

La padrona si sporse con tutto il busto oltre il davanzale della finestra e guardò nella nostra direzione con i suoi occhi cisposi[8]. Eravamo là, a venti metri di distanza, visibili come se fosse stato giorno, ne sono sicura, visibili come uno sciame di lucciole su una siepe. Me li sentii addosso, quegli occhi.

E invece non ci vide. Non so perché. Scrutò ancora di qua e di là, borbottò, richiuse rumorosamente la finestra, spense la luce.

Aspettammo. Aspettammo per quella che mi parve un'eternità. Un po' alla volta i battiti del cuore si calmarono e il russare di Hussain Khan ci confortò.

Scendemmo lungo le scale ripide e scivolose, in fila indiana. L'aria si faceva sempre più densa e irrespirabile. Ci coprimmo un'altra volta di sudore. Dovevamo procedere a tentoni, cercando di aggrapparci al muro viscido e coperto di muschio. Sentimmo un rumore di metallo sotto i piedi, era la grata che chiudeva la Tomba.

– Iqbal – provai a chiamare piano, – Iqbal!

Karim pescò dalle profondità dei suoi pantaloni una scatola di zolfanelli[9]. Alla luce incerta della fiammella lo vedemmo: si sol-

[8] *cisposi*: sporchi del liquido lacrimale chiamato cispa.
[9] *zolfanelli*: fiammiferi.

levò a fatica dall'angolo in cui si era accucciato e venne verso di noi. Aveva le labbra spaccate dalla sete e gli occhi così deboli che anche la luce del fiammifero gli dava fastidio.

La cisterna che costituiva la Tomba era larga, ma così bassa che alzandosi in piedi si poteva toccare la grata con la punta delle dita. Passai a Iqbal la bottiglia dell'acqua. Bevve avidamente e si versò il resto sulla faccia martoriata.

Che strano. Lui aveva la gola troppo secca per parlare e noi, adesso che eravamo là, avremmo avuto mille cose da chiedergli e non sapevamo cosa dirgli.

Io ero commossa e confusa e avevo il cuore stretto dall'angoscia nel vederlo in quelle condizioni. Ed era solo il primo giorno! Salman era imbarazzato. Karim aveva l'aria di quello che passava di là per caso e non c'entrava niente.

Alì si sporse attraverso la grata e afferrò la mano di Iqbal:

– Resisti – gli disse, – adesso ci siamo noi con te.

– Sì – dissi io, – torneremo tutte le notti.

– Be' – disse Salman, – devo ammettere che hai del fegato.

– Col cavolo che torniamo – disse Karim, – mica voglio rischiare, io.

– Grazie, amici – gracidò Iqbal. Aveva la voce come filo di ferro.

Naturalmente tornammo, tutte le notti.

8

Iqbal uscì dalla Tomba tre giorni dopo. Quando lo vedemmo attraversare il cortile malfermo sulle gambe, accecato dalla troppa luce, con le braccia coperte di vesciche e di punture di insetti, provammo tutti una grande pietà e, nello stesso tempo, un grande senso di orgoglio. Avremmo voluto gridare, applaudire, fare festa ma gli occhiacci di Hussain che ci scrutavano torvi[1] ci indussero a stare prudentemente zitti. Il padrone gli concesse un giorno e una notte di riposo, e anche noi trattenemmo la curiosità, rispettando il suo sonno agitato. Facemmo i turni per vegliarlo e alleviargli il dolore con spugnature[2] fredde e constatammo con sollievo che grazie alle nostre visite notturne, al cibo, all'acqua, alle arance che Alì aveva rubato dagli alberi del giardino, si sarebbe ripreso in fretta.

– Fratello – gli disse Salman quando Iqbal finalmente si alzò e si unì a noi per la colazione, – sei stato forte, davvero. Mai nessuno aveva avuto il coraggio di fare una cosa del genere a Hus-

[1] *torvi*: tenebrosi, minacciosi, severi.
[2] *spugnature*: risciacqui per mezzo di una spugna.

sain Khan. Sai come gli rode ancora la storia del tappeto? Ma sei stato anche stupido: cosa c'hai guadagnato a ribellarti in quel modo? Tre giorni nella Tomba, ecco che cosa.

– Anche voi avete rischiato, uscendo di notte e aiutandomi – ribatté Iqbal, – se il padrone vi scopriva, cosa ci guadagnavate?

– Che c'entra? – chiese Salman, – noi l'abbiamo fatto per te.

– Be' – disse Iqbal, – anch'io l'ho fatto per voi, in un certo senso, oltre che per me.

– Cosa vuol dire? – chiesi.

– Vuol dire che non è giusto che facciamo questa vita. Che dobbiamo tornare dalle nostre famiglie e non rimanere qua incatenati al telaio a lavorare come schiavi.

– Anch'io voglio tornare a casa – gli dissi, – ma non si può.

– Perché non si può?

– Perché... perché... – sbottò Salman, – perché il padrone è più forte di noi. Perché è sempre stato così. Perché di noi non si preoccupa nessuno.

– Troveremo qualcuno che ci aiuti. Là fuori. Qualcuno ci sarà.

Lo guardammo tutti a bocca aperta.

– Là fuori? Ma cosa hai in mente?

– Non lo so – disse Iqbal.

– Tu hai preso troppo sole nella Tomba, fratello – disse Salman scuotendo il capoccione, – qui hanno tutti troppa paura.

– Questo non è vero – rise Iqbal, – tu non hai più paura. E neanche Fatima. E nemmeno Alì.

– Io non ho paura di nessuno! – assicurò Alì nascondendosi dietro la mia sottana.

– Perfino Karim ha meno paura di prima. Non è vero?

– Non tiratemi dentro alle vostre stupide storie – sibilò Karim, – e poi io non ho paura di un bel niente.

– Neanche di Hussain?

– Io non ho paura di lui – assicurò Karim, – io lo rispetto. È diverso.

– Proprio!

– Secondo me anche gli altri hanno meno paura – disse Iqbal.

– In fila! In fila! – berciò Karim, scorgendo la ben nota sagoma della padrona che attraversava il cortile.

Per il mese successivo le cose continuarono come prima, almeno all'apparenza. I giorni passavano tutti uguali, l'estate divenne meno torrida, ogni tanto qualche lampo notturno squarciava il cielo, illuminandolo per un attimo e ricordandoci che sarebbero arrivate le piogge. Uno dei ragazzi più anziani se ne andò una sera, con il padrone, e non lo vedemmo più. Forse Hussain lo aveva venduto ad un altro, o chissà. Ma eravamo abituati a questo continuo cambiare di facce attorno a noi e ci eravamo anche abituati a non provare eccessivo dispiacere. O, perlomeno, a non farlo vedere.

Al suo posto ne arrivò uno nuovo, un ragazzino lungo lungo e magro magro, con le scapole sporgenti e le costole che gliele potevi contare una a una. Venne subito soprannominato Fuscello. Dopo due giorni si fece male a una mano, Hussain dovette fasciargliela e lasciarlo a riposo, alzando altissimi lamenti al cielo per la sfortuna che gli era capitata di fare un investimento[3] così sbagliato. Piuttosto che niente, Fuscello venne armato di ramazza e incaricato delle pulizie generali del laboratorio, del cortile e, occasionalmente, anche della casa dei padroni. Andava avanti e indietro tutto il giorno, con il suo braccio al collo, ed era più la polvere che sollevava che quella che toglieva. Divenne immediatamente il nostro postino per i messaggi segreti.

Poi un attacco di dissenteria ci costrinse a frequentare più del desiderato il Posticino dietro la tenda.

Niente di straordinario, insomma.

Eppure, se ci ripenso adesso, qualcosa di diverso c'era, anche se non me ne accorsi sul momento. Difficile da spiegare. Era

[3] *investimento*: spesa, acquisto.

come se l'atmosfera, all'interno del laboratorio, fosse cambiata. Lavoravamo, come sempre. Subivamo le angherie[4] di Hussain, come sempre. Ogni sera guardavamo il padrone cancellare con uno straccio uno dei segni sulla nostra lavagna personale e i segni rimanere sempre uguali, sempre troppi, come sempre.

Eppure... nessuno si dedicava più al lavoro come prima; dopo la pausa per il pranzo rientravamo in laboratorio il più lentamente possibile, strascicando i piedi e borbottando; durante le interminabili ore del pomeriggio capitava che ci distraessimo, che ci mettessimo a chiacchierare o addirittura a ridere tra di noi e le urla e le minacce di Hussain Khan riuscivano a riportare un'apparente calma solo dopo molti minuti; Fuscello si aggirava di qua e di là, sollevando nubi di polvere e aumentando la confusione generale.

Un giorno il telaio di Mohammad, il montanaro balbuziente[5], si ruppe e, sebbene Hussain Khan fosse convinto che si era trattato di un vero e proprio sabotaggio[6], non trovò nessuna prova per accusarlo e non poté sbatterlo nella Tomba a marcire per una settimana. Ad un altro telaio si ingarbugliarono le spole e ci vollero ore per rimetterlo in funzione.

Iqbal era ritornato tranquillo. Il padrone gli aveva ordinato di rincominciare da capo con il tappeto che aveva distrutto e lui si dedicava al lavoro con serietà e precisione, abile, svelto, come se nulla fosse accaduto.

Hussain Khan lo sorvegliava di continuo, senza averne l'aria. Si aggirava per il laboratorio, torvo, le mani dietro la schiena, e ogni tanto si girava di scatto per vedere cosa stesse facendo Iqbal. Sembrava nervoso, Hussain, sembrava quasi che adesso, ad avere paura, fosse lui. E più il tappeto di Iqbal cresceva, più lui diven-

---

[4] *angherie*: soprusi, maltrattamenti, ingiustizie.
[5] *balbuziente*: che balbetta.
[6] *sabotaggio*: danneggiamento volontario, azione di protesta.

tava nervoso ed irascibile. Ma a Iqbal non diceva niente, né una parola, né un rimprovero.

Insomma, c'era un clima strano.

– Hussain ha paura che distrugga il tappeto un'altra volta – ci spiegò Iqbal, – sarebbe una grave perdita per lui.

– Ma tu non farai una simile sciocchezza, vero? – gli chiesi ansiosa.

– Oh no! Non ci penso proprio – mi rassicurò.

Ormai i nostri convegni[7] notturni erano diventati praticamente quotidiani. Non aspettavamo neanche più che le luci in casa del padrone fossero spente: appena Hussain aveva fatto scattare il vecchio catenaccio e avevamo sentito i suoi passi attraversare il cortile, sgusciavamo fuori dai nostri giacigli e ci riunivamo in circolo. Al solito gruppetto si era unito Fuscello, che era un tipo strano e divertente, e occasionalmente qualcuno degli altri ragazzi.

– Dovremmo scappare tutti – proponeva Fuscello, – sai la faccia del padrone? Io non lo sopporto proprio, è quasi peggio di quello che avevo prima. Formiamo una banda di predoni[8] e diamo l'assalto ai camion che arrivano in città.

– Perché i camion?

– C'è su un sacco di roba da mangiare.

– Ma va' – interveniva Mohammad inciampando nelle parole come al solito, – dobbiamo scappare in montagna, dalle mie parti. Là il padrone non riuscirebbe a trovarci mai.

– Sì, e a te come ti ha trovato?

– Per disgrazia.

Ci sfogavamo. Era divertente. Ma sapevamo bene che non sarebbe cambiato nulla. Tra di noi c'era una regola precisa, era la prima tra le molte che imparavi quando ti portavano in un posto a lavorare: mai parlare del futuro. Nessuno di noi si permetteva

---

[7] *convegni*: incontri, riunioni.
[8] *predoni*: banditi, ladri.

di dire: "l'estate prossima", o "tra un anno", o "quando sarò grande". Sì, parlavamo del giorno in cui avremmo estinto il debito, ne parlavamo, anzi, fino allo sfinimento[9]. Ma nessuno di noi ci credeva veramente. Era una specie di filastrocca. Un modo per tenerci buoni da soli. Altrimenti cosa ci restava?

Iqbal era stato il primo ad avere il coraggio di dire chiaro e tondo che il debito non si estingue mai. Ed era l'unico che parlasse del futuro.

Mi ricordo quella notte. Era iniziato l'autunno e si sentiva la pioggia scrosciare sul tetto in plastica del laboratorio. Noi due eravamo sempre gli ultimi ad andare a dormire, ci piaceva rimanere da soli a farci compagnia e a parlare ancora per qualche minuto.

– Fatima – mi disse la sua voce nel buio, – la prossima primavera io e te andremo a giocare con l'aquilone. Ricordatelo, qualunque cosa succeda.

Io non gli dissi niente, cosa gli dovevo dire? Capivo solo che stava per fare un'altra sciocchezza e che non sarei riuscita ad impedirglielo.

Gli dissi la cosa più banale che potevo dire:

– Sta' attento!

La notte dopo, mentre infuriava il temporale, Iqbal si alzò poco prima dell'alba, sgusciò – non so come – attraverso quella stretta finestrella dietro alla tenda lercia in fondo allo stanzone, attraversò correndo il giardino di Hussain Khan e quello del suo vicino, scavalcò un muro, calpestò due orti dove ancora il mattino dopo trovarono le sue impronte leggere, raggiunse la strada e sparì.

[9] *sfinimento*: esasperazione, perdita delle forze.

9

Per due giorni non se ne seppe nulla. Appena scoperta la fuga, Hussain organizzò parenti ed amici, salirono sui loro furgoni Toyota e partirono per cercarlo, imprecando e facendo slittare le gomme sul fango delle strade.

Restammo in ansia tutto il giorno. Ogni momento guardavamo verso il cancello del cortile. Al tramonto Hussain tornò, nero in volto, zuppo d'acqua e con gli stivali incrostati. Entrò nel laboratorio, dove tutti stavamo a capo chino sui telai.

– D'ora in poi – disse, – lavorerete tutti un'ora in più al giorno. Tutti i giorni.

Con le sue stesse mani mise un'inferriata sulla finestrella del bagno e si fece consegnare le chiavi della porta da Karim.

– Con te faremo i conti dopo – minacciò.

Karim era terrorizzato.

Noi pensammo: "Ce l'ha fatta. Forse".

Hussain uscì anche il giorno dopo, ma rientrò che ancora il *muezzin*[1] non aveva chiamato per la preghiera di mezzogiorno, si chiuse in casa e non ne uscì.

[1] *muezzin*: sacerdote musulmano che cinque volte al giorno chiama i fedeli alla preghiera.

Lavorando pensavo a Iqbal, che forse era riuscito a raggiungere casa sua e a riabbracciare i genitori. Ma là il padrone sarebbe andato di sicuro a cercarlo e avrebbe minacciato suo padre e sua madre di mandarli in prigione per debiti, se non glielo avessero riconsegnato. Forse era ancora in città, nascosto da qualche parte: dove avrebbe dormito? Cosa avrebbe mangiato?

"È in gamba" mi dicevo, "se la caverà".

Poi ricordavo quella sua promessa: "A primavera io e te andremo a giocare con l'aquilone".

Avrei voluto tanto che fosse vero, ma non mi facevo illusioni.

Ne parlavo con la piccola Maria, come se lei fosse stata in grado di capirmi e di rispondermi, magari di consolarmi.

– Sai cos'è un aquilone, Maria? Ci hai mai giocato?

Lei non rispondeva, naturalmente.

– È bello, sai? Tu corri e l'aquilone sale sempre più in alto nel cielo, certe volte arriva a toccare le nuvole, e salta e sbanda, a seconda del vento. Devi stare attenta, però: guai se lasci andare il filo. Lo perdi e dopo un po' non c'è più. A me è capitato una volta. Ero troppo piccola e inesperta. M'è dispiaciuto moltissimo, certo, poi ho anche pianto. Ma sul momento, vederlo salire sempre più su, sempre più su fino ad essere inghiottito dal cielo, non era stato brutto. Ho pensato: "Chissà dove finirà, vorrei andare anch'io con lui".

Quella notte feci sogni agitati, ogni tanto gli spiriti mi tiravano i piedi e mi svegliavano. Il mattino del terzo giorno, avevamo appena avviato i telai quando un vicino di Hussain entrò di corsa nel nostro cortile, prese in disparte il padrone e gli parlò gesticolando e agitando le mani. Sembrava spaventato.

Hussain e la padrona entrarono nel laboratorio, ci dissero di lasciare tutto com'era, ci fecero attraversare il cortile a spintoni gridando: "Svelti! Svelti!", spalancarono la porta di ferro arrugginito che portava alla Tomba e ci obbligarono ad ammucchiarci lungo le scale.

– Restate qua – ci intimò Hussain, – guai a voi se fiatate!

Qualcuno stava bussando al portone d'ingresso. Ero rimasta intrappolata a metà scala.

– Cosa succede? – chiesi a quelli davanti.

– Non riesco a vedere bene – rispose qualcuno, – ma adesso il padrone è andato ad aprire... c'è gente... sembra... un poliziotto! Ci sono due poliziotti... e c'è anche Iqbal con loro!

Mi feci largo a spintoni fino all'ultimo gradino, misi l'occhio contro un buco rugginoso[2] della vecchia porta ed era vero: c'erano due poliziotti, grassi, lustri[3] e con degli enormi baffi neri. Indossavano delle divise stazzonate[4] e unte e avevano la pancia che sporgeva dalla cintura dei pantaloni, ma erano comunque poliziotti. In mezzo a loro c'era Iqbal.

Hussain se ne stava in atteggiamento ossequioso[5], con il capo leggermente chinato e si strofinava le mani. Accanto a lui la padrona tormentava un lembo del suo grembiule.

Vidi Iqbal alzare un braccio e puntare il dito verso il laboratorio. I poliziotti attraversarono il cortile, con grande calma e cercando di schivare le pozzanghere, si affacciarono, diedero un'occhiata all'interno, si consultarono tra di loro e chiesero qualcosa a Hussain. Lui cominciò a parlare fitto fitto, sempre con aria umile, e ogni tanto si rivolgeva alla moglie come a chiedere conferma di quanto stava dicendo.

– Cosa sta succedendo? – chiedevano da dietro.

– Non lo so, non riesco a sentire cosa si dicono – risposi, – ma secondo me Iqbal ha denunciato il padrone.

– Lo ha denunciato?

– Vuoi dire che adesso lo mettono in prigione?

– State zitti!

---

[2] *rugginoso*: coperto di ruggine, arrugginito.

[3] *lustri*: lucidi per il sudore, ma anche sfrontatamente in carne, quindi con la pelle bella tesa sul grasso.

[4] *stazzonate*: sgualcite, sciupate.

[5] *ossequioso*: rispettoso, sottomesso.

Adesso Hussain si era infervorato[6] nel discorso e faceva ampi gesti con le mani. I poliziotti sembravano annoiati. Uno diede una sbirciatina a un vecchio orologio a cipolla[7]. Hussain prese una mano di Iqbal e lo attirò a sé. Lui cercò di puntare i piedi. Hussain gli fece una specie di ruvida carezza sui capelli, disse ancora qualcosa ai poliziotti, affidò Iqbal a sua moglie e le fece segno di portarlo in casa.

– No! – urlò Iqbal – no! – E poi disse ancora qualcosa che si confuse con il rombo di un tuono e che non riuscii a sentire.

– Cosa succede? – chiedevano dietro, – cosa succede, Fatima?

– Non capisco, hanno ridato Iqbal a Hussain.

– Ma come, non lo arrestano?

Vidi Iqbal urlare e agitarsi per cercare di sottrarsi alla stretta della padrona, fino a quando non scomparve all'interno della casa.

Venne giù uno scroscio di pioggia. I poliziotti avevano fretta. Alle mie spalle era tutto un agitarsi di voci, ma quasi non le sentivo, incredula com'ero davanti a ciò che vedevo.

Hussain infilò una mano nella fascia che gli stringeva la vita, ne estrasse un grosso rotolo di banconote, ne contò un mucchietto e lo diede al primo poliziotto, poi ne contò un mucchietto più piccolo e lo diede al secondo. Loro annuirono[8] con aria soddisfatta, si tirarono i baffi, infilarono i soldi in tasca e se ne andarono sotto la pioggia.

Giù, nella scala buia, eravamo tutti ammutoliti. Dentro la casa dei padroni Iqbal continuava a gridare, ma non serviva a niente.

Era come vivere in un brutto sogno che non finisce mai. Facevo le cose di tutti i giorni, ma quasi senza accorgermene. Sveglia, pipì (la mia finestrella, ormai, era chiusa per sempre, e

[6] *infervorato*: eccitato, acceso.
[7] *orologio a cipolla*: orologio rotondo da tasca, a forma di cipolla.
[8] *annuirono*: dissero di sì, accettarono.

comunque non avevo più voglia di saltare), colazione, lavoro lavoro lavoro fino a quando arrivava l'ora di coricarci. Piangevo un po', pensando a Iqbal chiuso un'altra volta là sotto, cadevo in un sonno pesante, mi svegliavo di colpo e non era cambiato niente: c'era ancora la pioggia che martellava il tetto di lamiera e si infiltrava dappertutto, ero ancora prigioniera, Iqbal era ancora nella Tomba e questa volta non potevamo uscire di notte per alleviare le sue sofferenze.

"Morirà", pensavo.

Poche ore dopo la visita dei poliziotti, Hussain Khan era partito per un viaggio di affari. Aveva convocato Karim, davanti a tutti noi, e gli aveva detto:

– Al mio ritorno misurerò il lavoro di tutti. Bada! Solo tu sarai ritenuto responsabile di quanto avranno prodotto.

– Sì, padrone! Sì, padrone! – continuava a ripetere Karim.

– E quanto a quello laggiù...

– Sì?

– Lasciacelo.

– Sì, padrone!

Karim era impazzito dalla paura e non ci dava un attimo di sosta, non ci permetteva la minima distrazione.

– Voi volete la mia rovina – continuava a ripetere, – ma non ve lo permetterò. Lavorate! Lavorate!

Persi il senso del tempo. Quanti giorni passarono: quattro? Cinque? Sei?

Iqbal era sempre là sotto.

– Morirà, lo so.

Non ci trovavamo più di notte per parlare. Nessuno ne aveva voglia, e poi, a cosa serviva? Prima dell'arrivo di Iqbal accettavo quella vita con rassegnazione, perché neppure potevo immaginare che ce ne fosse una diversa. Iqbal aveva riacceso la speranza in tutti noi. Adesso la delusione era troppo forte. Lui non avrebbe potuto fare più niente, e nessuno di noi aveva abbastanza coraggio per ribellarsi ancora a Hussain.

"Morirà" pensavo, "e io sarò ancora più sola".

Hussain Khan ritornò di venerdì, il giorno santo dedicato al riposo per tutti, tranne che per noi. Si cambiò d'abito, salutò i vicini che erano venuti a trovarlo e a chiedergli com'era stato il viaggio e com'erano andati gli affari, si affacciò brevemente sulla porta del laboratorio, comunicò severamente a Karim che dopo pranzo avrebbe misurato il nostro lavoro di quei giorni e andò a mangiare.

A noi non venne concessa neanche la consueta pausa.

– Dovete portarvi avanti con il lavoro – gridava Karim, sudato e stravolto, – altrimenti il padrone se la prenderà con me.

Lavoravo e cercavo di non sentire i morsi della fame. Dalla casa dei padroni arrivava, pungente, l'odore dello stufato di montone piccante. L'avevo mangiato, due o tre volte. Al villaggio le donne lo preparavano in occasione di qualche importante festa, il giorno di Choti Eid[9], per esempio, e guai se non bruciava la lingua e la gola, gli uomini non lo apprezzavano. Era carne grassa, saporita.

"Lavora."

E magari avevano anche i dolci, le frittelle con la ricotta. Rotolate nello zucchero scuro[10]. E nella cannella.

"Lavora."

Avevo fame, ero stanca, ero disperata.

Il padrone arrivò stuzzicandosi i denti con uno stecchino. Noi ci fermammo e ognuno si mise in piedi accanto al proprio telaio. Hussain Khan si massaggiò le reni, prese il metro da sarto e un foglio su cui aveva segnato a che punto del lavoro eravamo prima della sua partenza, e con grande calma cominciò a misurare. Poi prendeva la lavagna e decideva: tre segni in meno, quattro segni in meno, neanche un segno perché il lavoro non era fatto bene.

Nessuno osava protestare.

---

[9] *giorno di Choti Eid*: festa popolare.
[10] *zucchero scuro*: zucchero di canna.

Il padrone procedeva lentamente nei suoi conteggi, Karim gli stava appiccicato alle calcagna con l'aria di un cane che spera nell'osso. Dopo la sentenza, tutti abbassavano la testa rassegnati.

Salman: un solo segno cancellato. Alì (– È un pasticcio! –) neanche un segno, e il piccolo Alì non riuscì a trattenere le lacrime. Mohammad: tre segni e lui emise un fischio di sollievo. Era quasi il mio turno. Maria…

Hussain Khan si fermò davanti al telaio della piccola Maria, strabuzzò[11] gli occhi, fulminò con lo sguardo Karim che non capiva e uggiolava[12] per il terrore.

– E questo cos'è? – ruggì Hussain Khan.

– Io… non lo so… padrone… io… – balbettò Karim.

Andammo tutti a vedere, niente avrebbe potuto trattenerci.

A Maria, da sempre, venivano assegnati i lavori più facili, i tappeti che non richiedevano nessuna abilità, con dei disegni geometrici semplici semplici. Non era forte, lei, e nemmeno molto sveglia, sarà stata colpa della sua sordità, o di quello che aveva. Hussain Khan diceva sempre che la manteneva per carità, ma non era vero: anche lei faceva la sua parte di lavoro.

Ci ammassammo davanti al suo telaio. In tutti quei giorni, approfittando del fatto che nessuno le badava e che anche Karim si comportava come se non esistesse, Maria aveva cambiato il motivo del suo tappeto. Adesso, nel bel mezzo della trama, anziché una semplicissima decorazione a righe gialle e rosse, spiccava un disegno.

Era un aquilone.

Un aquilone grande, bianco, con dei lunghi pennacchi attaccati alla coda che sembravano mossi dal vento e un filo sottilissimo che scendeva giù e, tutto attorno, delle manciate di azzurro che erano nuvole. Era bellissimo.

---

[11] *strabuzzò*: spalancò, stralunò.
[12] *uggiolava*: mugolava, si lamentava.

Maria stava in piedi accanto al suo disegno, sembrava ancora più piccola e minuta e indifesa. Hussain Khan aveva la bocca spalancata. Fece per dire qualcosa e non ci riuscì. Guardò Karim. Guardò tutti noi. Guardò fuori della porta come a cercare il sostegno della padrona.

"Adesso schiatta[13] per la rabbia" pensammo tutti.

Hussain Khan disse l'unica cosa che sapeva dire, con un rantolo di voce:

– Nella Tomba! Anche tu nella Tomba!

D'istinto tutti ci stringemmo attorno a lui. Maria era troppo debole e delicata per resistere nella Tomba anche un solo giorno, e lo sapeva anche Hussain.

– Nella Tomba! – ripeté, ma non sembrava molto sicuro.

"Fate qualcosa" urlai dentro la testa, "per pietà, qualcuno faccia qualcosa."

Hussain allungò la sua zampa verso Maria.

Vidi con la coda dell'occhio Salman che, sgomitando in mezzo agli altri ragazzi, si portava in prima fila.

– Se mandi lei – disse cercando di mantenere ferma la voce, – allora manda anche me.

– Che cosa? Che cosa?

– Ho detto: punisci anche me.

Nonostante la faccia butterata e le mani ruvide come carta vetrata, Salman, in quel momento, mi parve bellissimo.

– Be', che cavolo – disse Mohammad e subito si emozionò e cominciò a incespicare sulle parole, – allora m... m... m...

– E dai! – lo incoraggiarono da dietro.

– M... manda anche me – concluse faticosamente.

Si guardò attorno soddisfatto, come se avesse fatto chissà che discorso; si grattò la testa; sputò in terra come faceva sempre Karim, anche se – a dire il vero – non gli uscì un filo di saliva.

---

[13] *schiatta*: crolla, sbotta, sta male.

Un attimo dopo eravamo tutti con la mano alzata e gridavamo:

– Manda anche me! Manda anche me!

Gridava anche il piccolo Alì, barricato[14] come sempre dietro la mia sottana.

Hussain Khan era pallido. Si agitò di qua e di là, incerto sul da farsi. Cercò di coprire le nostre voci e non ci riuscì. Era chiaro che in quel momento ci odiava e che avrebbe voluto vederci tutti morti. Ma si rendeva conto perfino lui che questo non era possibile.

E alla fine scappò. Non credevamo ai nostri occhi. Hussain Khan batté in ritirata biascicando[15] vane minacce, inseguito dai nostri urli e dalla nostre pernacchie. Karim si eclissò[16] con lui.

Un'ora dopo, Iqbal era di nuovo tra noi, dopo sei giorni nella Tomba. Molto provato, molto pallido, molto affamato, ma vivo.

---

[14] *barricato*: protetto, difeso.
[15] *biascicando*: borbottando, mugugnando.
[16] *si eclissò*: sparì.

10

– Sono arrivato in città – ci raccontò Iqbal, – che cominciava appena ad albeggiare. Il cielo era grigio, pioveva, c'erano grandi pozzanghere dappertutto e non sapevo dove andare. Per un po' ho girovagato a caso, ci sono quartieri dove tutti i palazzi sono altissimi, da non riuscire a distinguerli, e quartieri di vecchie case che cadono a pezzi, ammassate una sull'altra, e ancora non c'era in giro quasi nessuno, perché era troppo presto. A un certo punto ho incontrato una strada, molto larga e lunga, che usciva dalla città e ho pensato: "Forse da qui arrivo a casa, in campagna, dai miei". Potevo nascondermi e tentare di salire su di un camion o su di un autobus, in qualche modo. Stavo per farlo. Poi ho pensato che sicuramente Hussain Khan sarebbe venuto a cercarmi a casa dei miei genitori, e li avrebbe obbligati a riconsegnarmi a lui. Mamma di certo si sarebbe opposta, ma papà è un uomo giusto, rispettoso della legge, e siccome ha il debito non avrebbe potuto dire di no. Così ho cercato la piazza del mercato. È grandissima, sapete? Neanche potete immaginare quanto. Ci sono centinaia di banchi di legno, uno accanto all'altro, e cassette impilate[1] e stuoie[2] dove ognuno espone la sua merce e, nonostante la pioggia, i commercianti erano già al lavoro. Montagne di frutta, camion di verdure che arrivano dalla provincia, ceste di spezie di tutti i colori, protette da teli di plastica, poi ci sono i banchi dei macellai che, per difendere la carne dalle mosche, usano strisce di carta appiccicosa, e quelli che semplicemente appoggiano la loro mercanzia per terra e vendono di tutto, cose vecchie e strane, anche chiodi storti e arrugginiti.

– Ma va'!

– Ti dico. Non so chi glieli compra. E poi ci sono dei banchi che sembrano dei veri e propri negozi e hanno delle grandi radio e delle cassette che metti dentro e senti la musica.

– Lo so – disse Karim con aria vissuta.

– E delle altre cassette che, dicono, si vedono le immagini.

– Questo non lo so – ammise Karim.

– Ho girato per ore. C'era sempre più gente in giro e sempre più confusione. Ho pensato che se mi confondevo tra la folla era più difficile che Hussain Khan potesse trovarmi. C'erano anche gli spettacoli: ho visto un giocoliere. E un incantatore di serpenti!

– Non ci sono gli incantatori di serpenti.

– Sì, invece!

– E il serpente ballava al suono della musica?

– Non proprio. Ma è uscito dalla cesta, era un grosso serpente con il muso largo e lo sguardo cattivo e lui l'ha preso con le mani.

– A mani nude?

– Proprio. E dappertutto c'era chi vendeva roba da mangiare: padelloni per friggere le *samosa* o le *shami kebab*, sapete, le frittelle di lenticchie e montone. Pentoloni di riso *basmati*[3] e di pol-

---

[1] *impilate*: ordinate in colonne.
[2] *stuoie*: tappeti di paglia.
[3] *basmati:* qualità di riso molto leggero e pregiato, cucinato in occasione delle feste.

lo *tandoori*[4]. Spiedini di carne e verdure alla griglia. Un profumino. E io ero affamato.

– E tu? Tu come hai fatto?

– Ho lavorato. Ce n'è anche lì, sapete?

– Che cosa?

– Di bambini che lavorano. In tutto il mercato sono loro che scaricano i camion e trasportano cassette, alcune così pesanti che ti spezzano le braccia. Tu vai da un mercante e gli dici: "Hai del lavoro per me, babbino?". E lui ti dice: "Spostami quel carico e ti darò una rupia". Ho fatto così anch'io. Ma c'erano degli altri bambini che non volevano che lavorassi. Mi dicevano: "Va' via, tu, chi sei? Da dove vieni? Questo posto è nostro. Il lavoro è nostro". Avevo paura che richiamassero l'attenzione su di me. Di sicuro Hussain Khan era in giro a cercarmi. Così gli rispondevo: "Lasciatemi stare, voi". E tentavo altrove. Alla fine ho trovato un macellaio che mi ha fatto scaricare un intero camion di quarti di montone. Mi ha dato un sacco da mettere sulla testa e sulle spalle per non sporcarmi di sangue e a me andava bene, perché sotto il sacco Hussain non sarebbe mai riuscito a riconoscermi. Ad un certo punto mi è anche sembrato di vederlo, tra la folla.

– Ma tu cosa pensavi di fare?

– Non lo sapevo. Pensavo di nascondermi qualche giorno lì al mercato e poi qualcosa avrei trovato. Ho lavorato fino a pomeriggio avanzato, ho mangiato con la rupia del macellaio. Aveva smesso di piovere e stava uscendo un pallido sole. Mi sono seduto contro un muro, a riposare. Si sono avvicinati altri due ragazzi, più grandi. Fumavano sigarette e parlavano in modo strano. "Sei nuovo?" mi hanno chiesto. "Sì". "Da dove vieni?" "Dalla campagna" ho mentito. "Cerchi lavoro? Se sei svelto, abbiamo noi qualcosa da farti fare".

– E che cosa ti hanno proposto?

[4] *tandoori*: pollo cotto in recipienti di terracotta.

– Non ho capito bene. Ma avevano un coltello, me l'hanno fatto vedere. Io gli ho detto: "No, grazie". Insistevano. Gli ho chiesto: "Sapete dove posso dormire?". Si sono messi a ridere: "Qui. Dove vuoi. Ogni banco, di notte, diventa una camera d'albergo. Ma sta' attento, pivellino". "Perché?" ho chiesto. "Sta' attento!" Erano riusciti a mettermi paura. Mi sentivo solo, non sapevo cosa fare e dove andare. Mi mancavate voi. Ho pensato: "Scappare è stata un'altra sciocchezza". Il mercato si stava svuotando, calava la sera. Mi ha preso la malinconia, la nostalgia di casa. Ero scappato pensando che qualcuno avrebbe aiutato me e tutti voi, e invece ero solo.

– Che cosa hai fatto, allora?

– Ho visto arrivare un autobus, di quelli grandi, colorati, pieni di luci e di trombe. Ti ricordi, Fatima, che ti avevo detto quanto mi sarebbe piaciuto prenderne uno?

– Mi ricordo.

– Così sono salito e mi ha portato in giro per la città, fino a quando il controllore mi ha visto e mi ha obbligato a scendere, coprendomi di improperi[5]. Poi ne ho preso un altro, e un altro ancora. L'ultimo mi ha lasciato in una zona sconosciuta, era quasi notte, avevo di nuovo fame. Il piacere della corsa era finito. Ho trovato un androne riparato e mi sono addormentato, stringendomi tutto per non sentire il vento. Al mattino il portinaio mi ha cacciato a bastonate. Ho ritrovato il mercato, ho scaricato due camion di cocomeri, sempre guardandomi in giro per il timore di veder apparire Hussain Khan. "Resterò qui qualche giorno" pensavo, "forse il padrone si stancherà di cercarmi e poi potrò tornare a casa." Ma non ero sicuro, temevo di dover sempre vivere là, come un randagio[6]. Poi, nel pomeriggio, sono arrivati quegli uomini.

– Quali uomini?

[5] *improperi*: insulti.
[6] *randagio*: vagabondo, senza casa.

– Sono arrivati in gruppo, c'era anche qualche donna, hanno montato una specie di palco e dietro hanno steso uno striscione e tanti cartelli. Naturalmente non so cosa c'era scritto. Si è subito radunata una grande folla. È arrivata anche la polizia e si è schierata tutto attorno a loro. "Per aiutarli" ho pensato io. Sul palco è salito un uomo. Appena l'ho visto mi è piaciuto, non so perché. "È un uomo buono, senz'altro. Ha una bella barba a punta, curata, e una camicia bianca, pulita". Si è messo a parlare in un microfono.

– E cosa diceva?

– Diceva… Me le ricordo bene le sue parole, perché parole così non le avevo mai sentite. Diceva: "Noi siamo del Fronte per la Liberazione dal Lavoro Minorile".

– E che cos'è?

– Non lo so. Ma diceva che è una vergogna e una barbarie[7] che i bambini siano sfruttati e costretti a lavorare come schiavi, incatenati al telaio o nelle fornaci di mattoni. Diceva che i padroni sono avidi e privi di scrupoli.

– Diceva così, sei sicuro?

– Sono sicuro. E poi diceva che adesso c'è una legge anche in Pakistan e che chi sfrutta i bambini deve andare in prigione e altre cose così.

– Giusto! Giusto!

– Sì. Ma la maggior parte della gente attorno non la pensava così. I mercanti gridavano insulti e gli tiravano verdura per farlo smettere. Gli dicevano: "Vai via! Buffone! Traditore!". Ma lui riusciva a gridare più forte di loro e non si lasciava intimorire. Ma dovevate vederli. I commercianti di tappeti erano i più feroci di tutti. Sembrava che volessero assalire il palco. Dicevano: "Sono menzogne! Sono solo bugie!". Io ho pensato: "Questo è l'uomo che può aiutare me e i miei amici". Ho cercato di avvicinarmi al

[7] *barbarie*: atto incivile, ingiustizia.

palco per parlargli, ma la calca[8] era troppo fitta. E poi il palco era circondato dalla polizia. Allora ho pensato: "Posso dirlo a un poliziotto. La polizia è qua per aiutarli. Quell'uomo ha detto che c'è una legge". Mi sono rivolto al poliziotto più vicino. "Quell'uomo ha ragione" gli ho detto, "io e i miei amici siamo tenuti schiavi da un mercante di tappeti." "E tu come mai sei qui?" mi ha chiesto lui. "Sono scappato" gli ho risposto. "E come si chiama il tuo padrone?" "Hussain Khan, signore" gli ho detto. Lui si è guardato attorno: "Vieni con me" mi ha detto. "Dove?" "Non aver paura. In caserma, da noi. Ti daremo da mangiare. E domattina andremo a trovare questo Hussain". "Lo metterete in prigione?" ho chiesto. "Sappiamo noi cosa dobbiamo fare." In caserma sono stati gentili. Mi hanno dato una ciotola di riso. Mi hanno fatto dormire nella branda di una cella. Ma non ero prigioniero: se volevo, uscivo. Così hanno detto. Il mattino dopo, lo sapete anche voi cos'è successo. Hussain gli ha detto che siamo lavoranti, che siamo tutti regolarmente pagati, che non ci sono catene. E loro gli hanno creduto.

– Non gli hanno creduto – spiegai, – hanno preso dei soldi. L'ho visto io.

Ci guardammo sconsolati. Eravamo radunati attorno alla branda di Iqbal. Lui era ancora pallido e debole e sembrava che anche parlare gli costasse uno sforzo.

– Ma se non possiamo fidarci neanche della polizia – chiesi interpretando il pensiero di tutti, – chi mai ci potrà aiutare?

– Gli uomini del Fronte di Liberazione – rispose Iqbal, – loro ci aiuteranno.

– Forse. Ma come facciamo a trovarli?

Iqbal fece un sorriso furbo, infilò la mano nella tasca dei pantaloni e ne estrasse un foglio di carta.

– Cos'è? – chiedemmo tutti.

---

[8] *calca*: ressa, grande quantità di gente.

– Lo distribuivano loro. Di sicuro c'è scritto anche come si fa a trovarli.

Il foglio girò di mano in mano. Lo toccammo e lo guardammo, perplessi.

– Sì, fratello – disse infine Salman, – tu avrai anche ragione. Ma dimentichi una cosa: nessuno di noi sa leggere.

Lungo silenzio.

Poi una voce alle nostre spalle, una voce che non avevamo mai sentito prima, una voce strana, come arrugginita, disse:

– Non è vero. Io so leggere.

Ci girammo tutti a guardare Maria, a bocca aperta, come allocchi[9].

---

[9] *allocchi*: stupidi.

11

E, finalmente, venne la Primavera dell'Aquilone. L'ho sempre chiamata così dentro di me, in questi anni. Ricordo ancora quando cominciò a soffiare il vento dalle montagne: prima era freddo, ma pulito; poi si ammorbidì al sole e spazzò via le nuvole, il fumo e la polvere della città; poi asciugò la pioggia e l'umido che si erano infiltrati dappertutto nei mesi precedenti; infine ci fece sorridere.

Nel cortile disselciato spuntarono strani fiori ed erbe matte[1], quando uscivamo per la pausa del mezzogiorno c'era odore di buono. Ricomparvero due gatti randagi di cui non avevamo più avuto notizia e non c'era verso di acchiapparli. Mohammad si stendeva al sole e balbettava per la contentezza; Karim si stendeva al sole e brontolava perché temeva che il padrone ce l'avesse con lui; Fuscello era ancora più magro e fuscelloso di prima, se possibile, anche perché la mano gli era guarita e doveva lavorare come tutti; il piccolo Alì era cresciuto durante l'inverno come un fungo dei boschi, non era più il nostro piccolo Alì, e questa era la grossa novità.

[1] *matte*: selvatiche.

Iqbal scappò di nuovo, e questa volta eravamo sicuri che ce l'avrebbe fatta.

C'eravamo preparati durante tutto l'inverno. Ogni notte, alla luce dei mozziconi di candela che Karim e Fuscello – detto Ramazza – rubavano in casa dei padroni, Maria ci radunava e ci insegnava a leggere. Era assolutamente inflessibile: anche gli zucconi cronici, come Salman, e gli sfaccendati totali, come Karim, non riuscivano a sfuggire al suo ferreo controllo. Come lavagna usava un pezzo di pavimento in terra, opportunamente lisciato con il palmo della mano, e come matita un bastoncino appuntito, con cui incideva le lettere dell'alfabeto che noi dovevamo ripetere in coro, come un branco di deficienti.

– Non ci capisco niente – si lagnava Karim che già si confondeva dopo tre lettere, – non imparerò mai.

– Zitto tu! – gracidava Maria e gliele faceva ripetere ancora.

Lei ci insegnava a leggere, noi le insegnavamo a parlare di nuovo.

Maria era figlia di un maestro di scuola della provincia di Faisalabad, rimasto presto vedovo, e fin da piccola aveva giocato con vecchi libri illustrati che sapevano di polvere e sembravano doversi disfare da un momento all'altro. Aveva imparato a leggere quasi da sola. Suo padre era povero, quasi quanto i contadini che, ogni tanto, malvolentieri, gli affidavano i figli perché ricevessero un'istruzione e che lo pagavano, altrettanto sporadicamente[2], con qualche prodotto del loro orto.

– I vostri figli non devono restare ignoranti – ripeteva continuamente il maestro, – altrimenti resteranno servi e miserabili come voi. Volete questo per i vostri figli?

– No, maestro – dicevano loro togliendosi il cappello in segno di rispetto.

Rispettavano davvero il maestro e credevano sinceramente a

[2] *sporadicamente*: raramente, quasi mai.

quello che diceva. Ma i tempi erano quelli che erano e i figli servivano a casa, per aiutare nei campi o per i servizi dovuti al padrone. Non c'era tempo per la scuola.

– Vai a insegnare ai figli dei ricchi – gli consigliavano i contadini, – la scuola è per loro.

Ma il padre di Maria non c'era mai voluto andare, dai ricchi. Fino a quando si era invece dovuto rivolgere una prima volta all'usuraio[3] del villaggio; e poi una seconda; era tornato a casa con un gran dolore dentro al petto e non aveva più parlato. Il mattino dopo due uomini erano venuti a prendere Maria. Suo padre era sempre steso sul suo giaciglio, non aveva neanche alzato la testa. Da allora Maria non aveva più aperto bocca.

– Ma come ti chiami veramente? – le avevamo chiesto subito.

– Io mi chiamo Maria – aveva risposto lei faticosamente, andando a cercare le parole giuste ad una ad una, – perché voi mi avete chiamata così. Siete voi la mia famiglia.

Era passato quasi un anno dall'arrivo di Iqbal, e, in effetti, qualcosa era cambiato tra di noi: prima eravamo solo un gruppo di bambini che dividevano la stessa sorte e dove ognuno cercava di sopravvivere come poteva; adesso eravamo solidali[4], uniti, eravamo amici e anche qualcosa di più.

Insieme riuscimmo, una notte, a decifrare il famoso manifestino portato da Iqbal. All'improvviso, come per un miracolo, tutti quei segni malamente disegnati sulla sabbia, quelle impronte di gallina incomprensibili e spigolose, assunsero un significato preciso. Vedemmo una frase formarsi sulla carta, da sola, ve lo giuro – noi non facemmo niente. Si formò da sola e ci disse delle cose.

Ricordo che il cuore mi batteva all'impazzata. Non ci potevo credere! Questo, dunque, era saper leggere: guardavi una cosa morta e questa, all'improvviso, diventava viva, come una persona, e ti parlava.

[3] *usuraio*: persona che presta denaro chiedendo un forte interesse in cambio.
[4] *solidali*: alleati, pronti a correre gli stessi rischi.

Lanciammo un fragoroso *hurrà!*, e poi corremmo a nasconderci nei letti perché, naturalmente, avevamo svegliato la padrona.

Lo ripetemmo tante di quelle volte a voce alta, che me lo ricordo ancora adesso, cosa c'era scritto. Erano poche righe. Dicevano:

BASTA CON LO SFRUTTAMENTO
DEL LAVORO MINORILE!!!

In Pakistan più di 7.000.000 di bambini
vivono come veri e propri schiavi,
costretti a lavorare nei campi,
nelle fornaci di mattoni,
nelle fabbriche di tappeti,
per padroni avidi e privi di scrupoli.
Vengono incatenati, picchiati,
torturati in tutti i modi.
Lavorano dall'alba al tramonto!
Ricevono come salario per la loro fatica
una rupia al giorno!
I loro padroni, invece,
si arricchiscono vendendo i tappeti
pregiati ai mercanti occidentali!
La polizia sa tutto e non interviene
perché corrotta!
Ma c'è una legge adesso,
anche nel nostro paese,
che obbliga a chiudere le fabbriche clandestine
e ad arrestarne i proprietari.
Facciamola rispettare!
Mettiamo fine a questa vergogna
che disonora il nostro paese!
I nostri figli hanno il diritto
di essere solo bambini!

RIVOLGETEVI A NOI!
LOTTATE CON NOI!
FRONTE PER LA LIBERAZIONE
DAL LAVORO MINORILE

C'era anche l'indirizzo, naturalmente, che avevamo tanto cercato. Il problema, adesso, era arrivarci, in quel posto. Facemmo un piano.

La rissa scoppiò all'improvviso, mentre ce ne stavamo tranquillamente distesi in cortile a goderci il sole. Pare che Mohammad, che era sempre più goffo, avesse urtato Salman, rovesciando la sua ciotola di zuppa di lenticchie. Secondo altri, invece, era stato Salman, che in effetti tendeva a fare un po' il bullo, a prenderlo in giro per quei suoi piedacci spropositati e il montanaro aveva risposto per le rime.

Un attimo dopo se le stavano dando di santa ragione e prima che Karim facesse in tempo a dire anche solo buh!, la zuffa era diventata generale. Chi difendeva Salman, chi Mohammad, chi nessuno dei due ma aveva voglia lo stesso di menare le mani, chi avrebbe voluto restarne fuori ma non ci riuscì. Noi ragazze facemmo la nostra parte correndo per il cortile, urlando come oche e sollevando nuvole di polvere e penne di gallina.

La padrona mollò il pentolone, rovesciando lenticchie dappertutto, e mosse le sue grosse gambe verso casa chiamando il marito. Hussain Khan comparve sulla porta in canottiera e baffi unti perché avevamo interrotto la sua colazione.

– Fermi! Fermi! – urlò.

Ci vollero dieci minuti buoni per riportare la calma. Altrettanti per una solenne lavata di capo collettiva, condita con le solite minacce e con l'inevitabile condanna ad un giorno di Tomba per i due responsabili del parapiglia[5].

Poi ci toccò pulire il cortile che era allagato di zuppa.

Finalmente Hussain poté trascinare i due litiganti, che continuavano a insultarsi sanguinosamente, giù per le ben conosciute scale, rinchiuderli e tornare al suo pasto interrotto. Karim ci fece

[5] *parapiglia*: disordine.

mettere laboriosamente in fila, come tanti soldatini, e ci riaccompagnò nel laboratorio. Ci fece avviare i telai, controllò che tutto fosse in ordine, ci pensò su, si grattò la testa, sputò due o tre volte in terra, e gli ci volle ancora qualche minuto per decidere che c'era qualcosa che non andava. Riattraversò con grande calma il cortile, si aggiustò i pantaloni, bussò alla porta dei padroni e comunicò ad uno esterrefatto[6] Hussain Khan che, secondo i suoi calcoli, mancava un lavorante.

In effetti, approfittando della confusione, Iqbal aveva scavalcato il muro di cinta in fondo al cortile, preso la solita via degli orti e tagliato la corda per la seconda volta. Aveva un vantaggio esiguo, è vero, ma non l'avrebbero ripreso.

[6] *esterrefatto*: incredulo, meravigliato.

12

Eshan Khan era proprio come lo aveva descritto Iqbal, vedendolo quel giorno sulla piazza del mercato: un uomo alto, non robusto, ma che riusciva a dare un'impressione di forza e di determinazione. Aveva capelli e barba neri e ben curati e vestiva sempre di un bianco immacolato. Da anni, ormai, aveva dedicato la sua vita a liberare i bambini schiavi. Era stato minacciato, picchiato, incarcerato. E ogni volta aveva rincominciato, con ancora più entusiasmo e caparbietà[1].

Era testardo, questo sì. E soprattutto aveva una fede incrollabile nelle sue idee e nella sua missione. Non avevamo mai conosciuto un adulto come lui: i nostri genitori erano stanchi e rassegnati, vivevano come avevano vissuto i loro padri e i padri dei loro padri e credevano che le cose sarebbero sempre andate così e che non si potesse fare nulla per cambiarle.

Il raccolto lo avrebbe preso il padrone, il bufalo lo avrebbe preso la malattia e gli usurai avrebbero preso la loro vita e quella dei loro figli.

[1] *caparbietà*: testardaggine, ostinazione, costanza.

"È sempre stato così" dicevano.

Anch'io, prima di conoscerlo, la pensavo in questo modo e credevo che rimanere incatenati ad un telaio, ad intrecciare fili, facesse parte dell'ordine naturale delle cose o, comunque, di quelle sventure della vita che non si possono evitare. Eshan Khan mi ha aperto gli occhi e anche se non capivo tutto quello che ci diceva – ero troppo piccola ed ignorante allora – molte cose me le ricordo ancora adesso. Eshan Khan divenne, per alcuni di noi, un secondo padre anche se, devo dirlo, non fece mai nulla per sottrarci alle nostre famiglie di origine. Soprattutto divenne un nuovo padre per Iqbal. Era inevitabile, credo: Iqbal era come lui, cocciuto, incosciente e convinto che il mondo si potesse cambiare.

Quando Eshan Khan e altri due uomini del Fronte per la Liberazione dal Lavoro Minorile arrivarono alla casa di Hussain, capimmo subito che niente lo avrebbe fermato. Aveva portato con sé un poliziotto, grasso come quelli della volta precedente, ma con la divisa in ordine e tutta una serie di segni sulle maniche[2].

– È un ufficiale – spiegò qualcuno.

E poi un uomo alto e magro, dall'aria cupa e severa, che disse di essere un magistrato[3]. E poi Iqbal, con gli occhi scintillanti, che saltellava e ci faceva grandi segni con le braccia.

– Ce l'ha fatta – gridammo, – questa volta c'è riuscito!

Hussain minacciò, discusse, supplicò, si tormentò le mani unte, fece intravedere con aria indifferente il rotolo di banconote che portava nella cintura. Non servì a niente.

Iqbal li guidò nel laboratorio.

– Guardi questi bambini – disse Eshan Khan al magistrato, – guardi come sono magri. Guardi le loro mani piene di tagli e di bolle. E le catene ai piedi.

---

[2] *segni sulle maniche*: i gradi militari.
[3] *magistrato*: funzionario che ha il compito di amministrare la giustizia.

Poi attraversarono il cortile, scesero giù nella Tomba e ne riemersero sorreggendo Salman e Mohammad che, con gli occhi chiusi per la luce e barcollando, riuscirono ugualmente a fare i buffoni e a lanciare alte grida di vittoria. Il poliziotto portò via Hussain, la padrona si chiuse in casa a singhiozzare. Ci tolsero le catene, spalancarono la porta, ci dissero:

– Siete liberi, potete andare.

Uscimmo tutti assieme, timorosi. Ci affacciammo sul portone che dava in strada. Guardammo da una parte e dall'altra. Si era radunata una piccola folla di curiosi, qualcuno gridava. Rientrammo con aria smarrita.

– Non sappiamo dove andare – disse infine qualcuno.

Ho ben presente la sensazione di quel momento: ero smarrita. Mi ricordavo le conversazioni notturne con Iqbal e gli altri, tutte le volte che avevamo detto: "Quando saremo liberi", e tutti i progetti che avevamo fatto, e adesso che il momento era venuto, avevo paura.

Iqbal ci abbracciò uno per uno.

– Portiamoli con noi – disse ad Eshan Khan, – alla sede del Fronte.

Ci caricarono su due automobili, a grappoli. Mentre ci allontanavamo, riuscii per un attimo a sbirciare dal lunotto posteriore: vidi la casa di Hussain, il laboratorio, il cortile con il pozzo allontanarsi lentamente nella polvere della strada. Era là che avevo trascorso gli ultimi anni della mia vita, avevo quasi l'impressione di non aver mai avuto un'altra casa.

Istintivamente cercai Iqbal che era schiacciato contro di me.

– Dici che la vedremo ancora? – gli chiesi.

– Mai più – rispose lui, sicuro.

Dopo una curva, la fabbrica di tappeti di Hussain scomparve. L'unica cosa che ricordavo con affetto, era la finestrella del bagno che per tanto tempo aveva tenuto viva la mia speranza.

La sede del Fronte per la Liberazione dal Lavoro Minorile era una vecchia casa del periodo coloniale[4], con le pareti scrostate di un bel rosa antico e un piccolo giardino, chiuso da un'alta cancellata, che si affacciava su una strada stretta e trafficata proprio dietro il mercato. Era un edificio a due piani che, nonostante l'età e il disordine, mi sembrò subito bello e confortevole: dava un'idea di casa, di calore e di protezione.

Al pianterreno c'era uno stanzone ingombro di tavoli, sedie zoppicanti, pacchi di giornali, libri e volantini accatastati ovunque, cartelli, striscioni, tre cani randagi, due ventilatori a pale che cercavano inutilmente di smuovere l'aria impregnata di fumo, telefoni che squillavano in continuazione e uomini in maniche di camicia che urlavano, si agitavano e che al nostro passaggio si zittirono di colpo e poi si misero ad applaudire.

Noi procedevamo in fila indiana, gli occhi sgranati, e con la voglia di diventare ancora più piccoli per l'imbarazzo.

– Questa è la sede del Fronte – spiegò Iqbal, – e sono tutti amici. Non dovete avere paura.

– Ma perché applaudono?

– Applaudono noi.

– Noi??

Al piano superiore, invece, c'erano tante stanze, tra cui un'enorme cucina da cui arrivavano profumi irresistibili e un Posticino per i bisogni dalle dimensioni di una piazza, tutto pulito e con una gigantesca vasca che chissà a cosa serviva. C'erano anche tre donne che appena ci videro corsero ad abbracciarci e ci toccarono dappertutto parlando ininterrottamente tra di loro.

– Guarda queste povere creature…

– Come sono magri…

– E le mani, guardagli le mani…

– E quei segni sulle caviglie… Guarda che piaghe…

---

[4] *periodo coloniale*: il Pakistan nacque nel 1947. Precedentemente il suo territorio faceva parte dell'India, allora colonia inglese.

– E sono pieni di pidocchi…

Prima di renderci conto di cosa stava succedendo, imparammo l'uso della grande vasca: venne riempita di acqua bollente e, uno alla volta, a tradimento, nonostante le proteste, venimmo presi, immersi, lavati, lustrati, strigliati, spidocchiati. Ci diedero degli abiti puliti. Ci ingozzarono di cibo. Ci prepararono dei giacigli di fortuna nelle camere vicine.

Mentre scendeva la sera, per la prima volta in vita mia mi godevo la pancia piena, l'odore del pulito, il conforto delle lenzuola. Dalla strada sottostante, dove sembrava che la vita non si fermasse mai, mi giungevano cento rumori diversi: il rombo dei motori, i clacson, il ragliare degli asini, scoppi di voci e di risate, una sirena, suoni misteriosi e, debole debole, il richiamo del *muezzin*.

"Non riuscirò mai a prendere sonno" pensai.

Mi addormentai di schianto.

Il mattino seguente mi svegliai all'alba, come al solito. Mi guardai attorno senza riuscire a capire dove mi trovavo. Per prima cosa pensai: "Devo correre al telaio. Sono in ritardo, il padrone mi punirà". Mi alzai e mi vestii in fretta e furia. Uscii nel corridoio. La grande casa era deserta e silenziosa. Sbirciai al piano di sotto: niente telai, niente padrone, niente lavoro.

Mi misi a piangere seduta sulle scale. Non so perché. Non avevo mai pianto in tutti quegli anni. Non avevo pianto quando mi sentivo sola e sperduta, prigioniera nel laboratorio di Hussain; non avevo pianto quando le mani mi sanguinavano dopo una giornata di lavoro; non avevo pianto quando temevo che Iqbal morisse, giù nella Tomba. Ma in quel momento non riuscivo a trattenere i singhiozzi. Una delle donne che avevo conosciuto il giorno prima, uscì dalla cucina dove stava rimestando qualcosa di buono in un pentolone e mi prese tra le braccia:

– Non avere paura, piccola – mi disse, – è tutto finito.

Ma non piangevo per la paura. Era qualcos'altro.

Un po' alla volta si svegliarono tutti. A giudicare dalle facce stralunate[5] non stavano molto meglio di me. Facemmo colazione. Ci sparpagliammo tra lo stanzone al pianterreno e il giardino. Non sapevamo cosa fare.

La donna – che era la moglie di Eshan Khan, scoprimmo – ci disse:

– Giocate, bambini!

Ci dividemmo in gruppetti, a disagio. Non eravamo abituati. Da anni non giocavamo più e non sapevamo come fare.

Arrivò Eshan Khan, sorridente e vestito di bianco come al solito. Ci radunò attorno a sé e ci disse che ognuno doveva dare il nome del suo villaggio. Il Fronte avrebbe provveduto a rintracciare le nostre famiglie e a riportarci a casa.

– Potrete riabbracciare i vostri genitori – ci disse.

La maggior parte di noi urlarono dalla gioia e gli si affollarono intorno, gridando i nomi di località strane e sconosciute. Ma alcuni rimasero in disparte.

Karim, grande e goffo, che borbottava:

– Io non ho famiglia, dove andrò?

La piccola Maria venne a rifugiarsi tra le mie braccia e mi sussurrò all'orecchio, con quella sua voce ancora incerta e rugginosa:

– Io ho paura che mio padre sia morto. Io ho solo voi. Tu dove andrai, Fatima?

Già, cosa avrei fatto? Avevo solo un vago ricordo di mia madre, qualche immagine sbiadita di una schiera di fratelli. Non ricordavo più i loro nomi. Non ero sicura di ricordare quale fosse il mio villaggio. Erano quattro capanne, in mezzo ai campi, da qualche parte. Certe volte pensavo addirittura che non fossero mai esistiti.

Iqbal mi venne accanto.

– Tu te ne andrai, vero? – gli chiesi.

[5] *stralunate*: sconvolte, smarrite, frastornate.

Mi ricordavo della sua ostinazione nel tenersi a mente anche i più piccoli particolari della sua vita in famiglia. Lui girò il viso, come se volesse evitare di guardarmi in faccia.

– Sì – borbottò, – immagino di sì.

– Vorrai riabbracciare i tuoi genitori.

– Certo – borbottò di nuovo.

– E non sei felice?

Rimase un attimo in silenzio.

– Non lo so – disse infine.

Questa era una cosa che non capivo.

– Vedi – mi spiegò parlando lentamente, – io ho voglia di rivedere la mia famiglia, dopo tanto tempo. Ho voglia di rivedere mia madre e mio padre. Ma non voglio fare la loro vita.

– Hai paura che ti vendano di nuovo? – chiesi.

– Non è questo – disse lui, – mio padre, come il tuo, non mi ha venduto perché è cattivo. Per loro è stato un grande dolore, ma non potevano fare altrimenti. No, non è questo. È che io voglio fare altro.

– E che cosa?

I suoi occhi corsero a cercare Eshan Khan.

– Ancora non lo so – mormorò.

Restammo tutti in silenzio, avviliti. Poi Iqbal prese per mano me e Maria.

– Andiamo! – esclamò.

– Dove?

– Usciamo, non dobbiamo essere tristi.

– Uscire? – chiedemmo. – Ma si può?

– Certo che si può. Siamo liberi!

– E cosa vuoi fare? – chiedemmo in coro.

Lui prese un'aria misteriosa:

– Eshan Khan mi ha fatto un regalo. E io ti ho fatto una promessa.

Fuori era tutto nuovo, strano e rumoroso. Non la finivamo più di guardarci in giro. C'erano il sole, il vento e gli odori. Ci arrampicammo su per la collina che domina la città, ci lasciammo alle spalle le ultime case, arrivammo dove c'erano solo i sassi e l'erba e il calore del mezzogiorno. La città, in basso, era avvolta in una nube di foschia, ma dove stavamo noi tutto era nitido e pulito e trasparente.

– Non guardate! – ordinò Iqbal.

Ci coprimmo gli occhi con le mani, ma mi accorsi benissimo che Maria spiava tra le dita e allora lo feci anch'io. Iqbal si tolse un involto dalla camicia, spiegò[6] sull'erba qualcosa di bianco e colorato, srotolò una matassa di filo, cominciò a correre e quando ci urlò: – Ora potete! – l'aquilone era già alto nel cielo e saltava con il vento e lo facemmo salire fino alle nuvole e anche più su.

Ce lo passammo di mano in mano, per ore, fino a quando una ventata di traverso non spezzò il filo e lo vedemmo inabissarsi nell'azzurro, puntando verso il sole.

Eravamo accaldati e con il fiatone.

– Ne costruiremo un altro – giurammo.

Scendendo il pendio diretti a casa, nel pomeriggio inoltrato, Iqbal ci disse:

– Ho deciso. Io rimango con Eshan Khan, e voi resterete con me.

---

[6] *spiegò*: stese.

13

Cominciò così l'anno che trascorremmo con Eshan Khan e gli attivisti[1] del Fronte per la Liberazione.

– Io voglio rimanere con voi – comunicò Iqbal quella sera stessa, dopo cena, nello stanzone al pianterreno dove si erano riuniti gli uomini e le donne del Comitato direttivo, – e aiutarvi a liberare tutti i bambini che vengono tenuti schiavi in Pakistan.

Eshan Khan lo guardò e sorrise:

– Questo non è possibile, Iqbal. Tu sei stato molto coraggioso a ribellarti al tuo padrone e ad aiutarci a liberare i tuoi compagni. Ma non puoi rimanere con noi: tu appartieni alla tua famiglia. Cosa direbbero tuo padre e tua madre, se non ti riportassimo subito da loro?

– A cosa serve che io ritorni alla mia famiglia – ribatté Iqbal, – quando tra un anno, o anche prima, potrei essere schiavo un'altra volta? Oppure potrebbe capitare a Maria, qui, o a Fatima. O a qualcuno degli altri nostri compagni. Quanti ce ne sono che lavorano come lavoravamo noi?

[1] *attivisti*: collaboratori, militanti.

– Non lo sappiamo con certezza. Tanti. Solo qui a Lahore le tessiture clandestine sono centinaia, e poi ci sono le fornaci di mattoni e su, verso le montagne, le miniere. E poi ci sono gli schiavi agricoli... decine di migliaia di bambini, centinaia di migliaia, forse...

– Voi volete liberarli – disse Iqbal, – e anch'io.

Maria ed io assistevamo alla discussione a bocca aperta: noi non avremmo mai avuto il coraggio di parlare in quel modo, alla pari, con degli adulti. Ma Iqbal, in quel momento, sembrava un adulto anche lui.

– Pensaci, Eshan – intervenne un altro uomo, – il ragazzo è svelto e può esserci utile. Tu sai com'è difficile convincere i magistrati ad intervenire. Iqbal può penetrare di nascosto nelle tessiture, parlare con i bambini che di lui si fideranno, procurarci le prove indispensabili. Senza di lui non avremmo mai incastrato Hussain.

Eshan Khan continuava a scuotere la testa:

– No. E poi ci sono un sacco di cose che dovrebbe imparare...

– Imparerò – promise Iqbal, – già ho imparato a leggere e a scrivere. Be', almeno un po'.

– E poi è troppo pericoloso. I fabbricanti di tappeti sono potenti, e i proprietari delle fornaci sono potenti. Gli usurai sono potenti. La polizia tende a proteggerli, lo avete visto anche voi. I magistrati fingono di non vedere. Tutti noi, qui, siamo stati minacciati e perseguitati. No, non posso permetterlo.

Iqbal si alzò dalla sedia, in tutta la sua statura, che non era molta. Ma in quel momento sembrò a tutti altissimo, sembrava che la sua testa sfiorasse le travi del soffitto. Fece uno di quei suoi sorrisi.

– Io non ho paura – disse, – non ho paura di nessuno.

Gli credettero.

Eshan Khan lo accompagnò dalla sua famiglia, e dopo dieci giorni tornò a prenderlo. Iqbal trascorse il resto della giornata chiuso in camera. La sera uscì e ci disse:

– Mia madre piangeva e mio padre tremava dalla paura. Ma adesso hanno capito la mia scelta e la approvano. Ho promesso che li andrò a trovare tutte le volte che potrò. Sai, Fatima – aggiunse poi, – io voglio studiare, voglio imparare tutto, voglio diventare un famoso avvocato e liberare tutti i bambini del Pakistan.

– Bravo Iqbal! – gridò Maria.

Anch'io gli dissi: – Bravo – ma a me la voce tremava.

Iqbal studiò davvero: partecipava a tutte le riunioni del Fronte, stava seduto in mezzo a quegli uomini adulti e li ascoltava con attenzione, la fronte corrugata nello sforzo di capire. Andai anch'io, qualche volta, ma ero troppo ignorante per riuscire a seguire tutti i loro ragionamenti e le cose complicate che dicevano. Iqbal leggeva libri, stava sveglio di notte, con la candela accesa, e compitava[2] le parole, una per una. Imparò come si usa una macchina fotografica. E poi, appena possibile, parlava con Eshan Khan. Parlavano per ore e ore.

Erano uguali, quei due, l'avevo detto io.

Gli altri nostri compagni, un po' alla volta, se ne andarono tutti, per tornare a casa. Se ne andò Mohammad, verso le sue montagne, e tartagliò una raffica di saluti, cercando di nascondere la commozione. Se ne andò Salman, che mi stritolò in un goffo abbraccio e disse a Iqbal:

– Fratello, mi è piaciuto quello che abbiamo fatto a Hussain, e resterei volentieri ad aiutarti, ma i miei vecchi hanno bisogno di me.

Se ne andò Fuscello, che sapeva sempre farci ridere. Se ne andò il piccolo Alì, piangendo senza ritegno. Se ne andarono gli altri.

Oltre a noi, nella vecchia casa dai muri rosa, rimase solo Karim, che in cambio di vitto e alloggio si prestava a svolgere qual-

[2] *compitava*: sillabava, scandiva, pronunciava lentamente.

siasi mansione e che, con suo gran dispetto, doveva prendere ordini anche da Iqbal.

Neanche un mese dopo, Iqbal penetrò in una tessitura di tappeti clandestina, nascosta in uno scantinato della periferia nord di Lahore. Trovò trentadue bambini coperti di scabbia[3] e di ferite, così magri che le costole bucavano loro la pelle. Gli parlò, mostrò loro le mani segnate dalle cicatrici per dimostrare che non raccontava storie, fotografò le catene, i telai, le pozze d'acqua che filtravano dal terreno. Tre giorni dopo, gli uomini del Fronte fecero irruzione con la polizia ed un magistrato, arrestarono il proprietario, liberarono i bambini.

Per tutta la notte e il giorno successivo, Maria ed io aiutammo la moglie di Eshan Khan e le altre donne a trasportare pentoloni di acqua bollente e ad organizzare il soggiorno dei nuovi arrivati.

Per il Profeta, com'erano sporchi! Possibile che anche noi ci fossimo ridotti così?

Nei mesi successivi, Iqbal contribuì a far chiudere altre undici fabbriche dove si sfruttava il lavoro minorile, liberando quasi duecento bambini. La sede del Fronte sembrava un orfanotrofio. Tutti raccontavano la stessa storia: un villaggio sperduto da qualche parte in mezzo alla campagna, il raccolto perduto, il prestito dell'usuraio, la schiavitù.

– Sono gli usurai che dobbiamo colpire – diceva Iqbal, – sono loro la causa di tutto.

Ormai parlava tranquillamente alle riunioni degli uomini, diceva la sua opinione e gli altri lo ascoltavano. Era instancabile. Finita una missione, ne iniziava subito un'altra.

– Dobbiamo mandarli tutti in prigione – diceva, – tutti!

Una volta non rientrò la notte e tememmo che gli fosse successo qualcosa. Tornò al mattino con un occhio pesto e un taglio sulla guancia.

---

3 *scabbia*: malattia contagiosa della pelle che si manifesta con bollicine e forte prurito.

– Ne ho trovata un'altra – raccontò, – ma mi hanno sorpreso e distrutto la macchina fotografica. Lasciamo passare qualche giorno e ci torno.

Eshan Khan era orgoglioso di lui, lo trattava veramente come un figlio. Devo ammettere che ogni tanto provavo una fitta di gelosia, senza motivo, perché anche io e Maria eravamo considerate come figlie e non ci veniva fatto mancare niente. Ma non so. Forse intuivo che Iqbal ed io stavamo prendendo due strade differenti e che, prima o poi, ci saremmo dovuti separare. Avevo anche quel pensiero fisso in testa, della mia famiglia, che, presto o tardi, sarebbero riusciti a trovare. E allora, cosa avrei fatto?

Cominciarono anche i problemi.

– Dobbiamo stare attenti – diceva Eshan Khan, – *loro* non cederanno così facilmente. Più bambini riusciamo a liberare, più sfruttatori denunciamo, più cercheranno di ridurci al silenzio. Perché è della nostra voce che hanno paura. *Loro* si ingrassano nel silenzio e nell'ignoranza.

Una sera sorpresi per caso Eshan Khan che confidava sottovoce alla moglie:

– È per Iqbal che temo. Ormai lo conoscono, sanno che è soprattutto grazie a lui che riusciamo a colpirli. Sai quanto è entusiasta ed imprudente. Ci vuole più attenzione.

Di fatto, da allora, ci furono sempre un paio di uomini del Fronte che facevano la guardia di notte nel salone al pianterreno. Una volta fummo svegliati da dei rumori strani, prima dei colpi e delle grida, poi come uno scalpiccio di piedi in fuga. Quando chiedemmo cosa fosse successo, ci risposero: "Niente", ma non era vero. C'era un clima strano: capitava che per la strada qualcuno ci mostrasse il pugno con aria minacciosa e ci insultasse. C'erano spesso degli individui dall'aria losca[4] sul marciapiede davanti alla sede del Fronte. Stavano lì per delle ore e ci guardavano entrare e uscire.

[4] *losca*: minacciosa, tenebrosa.

Quando pensavo a *loro* che volevano il nostro male, mi veniva in mente Hussain, ma capivo che in realtà dovevano essere qualcosa di più, e di peggio, anche se non riuscivo a dargli un volto.

Poi ci fu l'episodio del mercato. Anche in una città grande e moderna come Lahore, il vero centro della vita e delle attività è ancora il mercato: è là che, presto o tardi, passano tutti, nel corso di una giornata, per fare acquisti ma anche per incontrare gli amici, per chiacchierare, per vedere gente. Periodicamente gli attivisti del Fronte andavano al mercato, costruivano un piccolo palco con quattro assi di legno, stendevano un lungo striscione con su scritto: NO ALLO SFRUTTAMENTO DEL LAVORO MINORILE, innalzavano cartelli di denuncia, distribuivano volantini, proprio come la prima volta che Iqbal li aveva incontrati. Gli uomini facevano brevi comizi, usando una specie di tromba che si chiama megafono e che serve a farsi sentire anche da chi sta lontano.

Si radunava sempre una piccola folla: i mercanti, specie quelli più ricchi, deridevano gli oratori[5], li insultavano, li provocavano e arrivavano al punto di lanciare loro contro degli oggetti; la maggior parte delle persone assistevano indifferenti; solo pochi avevano il coraggio di manifestare timidamente il loro consenso, e in genere erano i contadini, i braccianti o comunque quelli che sapevano per esperienza personale che cosa significa perdere un figlio in quel modo. Queste cose me le raccontava Iqbal, perché a me e a Maria non era permesso partecipare, troppo pericoloso, dicevano.

Quella volta prese la parola anche Iqbal. Parlò stando in piedi, in bilico, su una cassetta di frutta rovesciata, reggendo a malapena davanti alla bocca quella tromba che amplifica la voce e che è molto pesante, e nonostante la timidezza e l'imbarazzo, nonostante le urla, i fischi, gli schiamazzi raccontò la sua esperienza, parlò di Hussain, delle catene, della tessitura e poi (mi dissero, io non c'ero) fece i nomi. Urlò davanti a tutti i nomi che aveva sen-

5 *oratori*: coloro che tenevano i discorsi.

tito fare durante le riunioni, i nomi dei grandi usurai, i nomi di uomini ricchi, importanti, misteriosi, che vivevano nelle case lussuose del centro, che viaggiavano, che facevano affari in tutto il mondo. Erano *loro*, immagino.

Li chiamò – mi raccontarono – mercanti di carne, sfruttatori, avvoltoi.

In piazza scoppiò un tumulto. Un gruppetto cercò di dare l'assalto al palco, volarono spintoni, schiaffi. La polizia, di malavoglia, si mise in mezzo.

Loro non erano in piazza, naturalmente, *loro* non frequentano i mercati. Ma avevano molti amici, evidentemente.

Il mattino seguente, Eshan Khan rientrò con un fascio di giornali: su tutti i quotidiani di Lahore, e anche su uno di Karachi, c'erano articoli sui fatti del giorno prima. Su due c'era anche una foto di Iqbal, ripreso mentre parlava dal palco, con quella buffa tromba davanti alla bocca.

In un giornale lo presentavano come "il coraggioso bambino che aveva denunciato i suoi sfruttatori", gli altri parlavano di "una vergognosa speculazione[6] fatta sfruttando l'ingenuità di un ragazzo".

Non so cosa volesse dire questa cosa.

Prendemmo tutti in giro Iqbal, gli dicemmo che stava per diventare un divo del cinema. Lui era rosso come un peperone.

– Questa è una cosa buona, vero, babbino? – chiese a Eshan Khan, – tu hai detto che *loro* diventano sempre più forti grazie al silenzio e all'ignoranza. Bene, questo non è silenzio.

– Sì, Iqbal – disse Eshan Khan, – questa è una cosa che serve molto alla nostra causa.

Ma non sembrava convinto, era preoccupato.

Mi ricordo bene quel periodo: com'era cresciuto Iqbal! Mi aspettavo che da un momento all'altro gli spuntassero i peli della

[6] *speculazione*: sfruttamento della situazione per i propri interessi, e quindi per gettare discredito sugli avversari.

barba. Chissà come sarebbe stato ridicolo! Ma ero cresciuta anch'io. Lui era felice, entusiasta di tutto, assetato di novità. Ci stavamo abituando alla nostra nuova vita, alla vita da liberi.

Potevamo uscire quando volevamo. Quasi. La moglie di Eshan Khan ci sorvegliava da vicino e ci imponeva orari rigidi. Una volta ci regalò due monete e andammo al cinema. Era proprio come nei racconti di Karim. Era un film indiano, durava quattro ore e piansi tutto il tempo. Iqbal fu antipaticissimo e si rifiutò di vederlo una seconda volta. Scoprimmo la televisione. Ascoltammo quella strana musica che viene da lontano – dall'America, dicevano. In certi momenti faceva lo stesso rumore di due bufali che cozzano per le corna, ma non era male.

Iqbal era pieno di progetti per il futuro, ne parlava sempre con me e con Maria. Lui non era spaventato da tutte quelle novità. Io un po' sì. Mi sembrava che tutto stesse accadendo troppo rapidamente, o forse avevo solo paura che il bel sogno finisse.

Un pomeriggio entrò nella sede del Fronte un signore occidentale, vestito in maniera buffa. Disse che era un giornalista americano. Intervistò Iqbal ed Eshan Khan, parlarono per due ore. Poi se ne presentò un altro e disse che era un corrispondente internazionale[7].

– Quando anche all'estero sapranno della nostra lotta – disse Eshan Khan, – ci aiuteranno e saremo più protetti.

Due notti dopo fummo svegliati da un boato. Sentimmo le urla e vedemmo le fiamme alzarsi fino alle finestre del primo piano. Cercammo di scendere al pianterreno ma Eshan Khan ci bloccò.

– Voi state qua! – urlò.

Qualcuno aveva scagliato due bombe incendiarie contro la sede del Fronte. Un uomo era rimasto ferito. Andammo a trovarlo in ospedale, aveva le braccia fasciate. *Loro* ci avevano mandato un avviso.

---

[7] *corrispondente internazionale*: giornalista mandato a fare servizi all'estero.

14

– Abbiamo viaggiato per più di un'ora nell'oscurità. Non c'era neanche la luna e faceva freddo, così noi che stavamo nel cassone del pick-up[1] abbiamo cercato rifugio sotto il telone impermeabile, per ripararci un po'. Sembravamo dei neonati sotto la copertina.

– Chissà che spettacolo!

– A me scappava da ridere, ma ho capito subito che non era il caso: erano tutti molto seri e tesi e nervosi. Nessuno aveva voglia di ridere. Eshan Khan ci aveva avvertito, l'hai sentito anche tu, Fatima. Ci aveva detto: "Attenti! Attenti, mi raccomando! Questa volta è più difficile del solito". In effetti, un intervento così non l'avevamo mai fatto. A un certo punto abbiamo abbandonato la strada asfaltata e imboccato uno sterrato tutto buche. Non ho idea di dove fossimo, attorno non c'era niente, buio, silenzio e il vento gelato che ci pelava il naso. Siamo arrivati in vista della fornace che albeggiava appena. Era una spianata tutta sassi e fango, senza un albero, senza un filo d'erba. La fornace era come una collina di mattoni, brutta, con una ciminiera alta e tozza che

[1] *pick-up*: furgoncino scoperto con sponde basse.

si stagliava[2] controluce. Stavano già lavorando, Fatima, perché è nelle ore del mattino che si riesce a produrre di più. Poi il sole, l'afa, la stanchezza rallentano il lavoro e ti spezzano le braccia. Quando siamo arrivati non hanno neanche alzato la testa, per non distrarsi. Dovevi vederli, Fatima: erano sparsi per la spianata, ancora confusi con le ombre del buio. Ogni famiglia ha la sua buca. Dentro la buca lavorano i bambini che impastano terra e acqua, fanno delle specie di pagnotte di fango. Usano una piccola zappa per scavare il terreno. È un terreno duro. Le bambine, invece, devono andare a prendere l'acqua al pozzo, che dista quasi un chilometro. Fanno avanti e indietro con delle grosse taniche[3] di plastica da venti litri. Poi i bambini gettano l'impasto alla madre, che lo lavora un'altra volta, proprio come se fosse pane, e la madre lo getta al padre, che lo pressa dentro una cornice di legno, toglie il di più e infine rovescia il mattone in terra, a seccare al sole. Ci sono queste lunghe file di mattoni che attraversano la spianata, e si allungano di minuto in minuto, come le spire[4] di un serpente.

– Ma allora nelle fornaci ci lavorano famiglie intere.

– Per forza. Là tutti sono pagati a pezzo: in un giorno devono impastare 1.200 mattoni per avere 100 rupie.

– Sono tante 100 rupie!

– Lo credevo anch'io. Ma ascolta: siamo scesi dai furgoni, ci siamo avvicinati ad un gruppo ed Eshan Khan ha spiegato al capofamiglia chi siamo e cosa volevamo. L'uomo non ha neanche alzato la testa. Era accosciato a terra e ogni trenta secondi sfornava un mattone. Era sporco, aveva la barba e i capelli lunghi impastati di fango. Eshan Khan ha insistito. L'uomo, sempre senza alzare la testa né interrompersi, ha mormorato: "Per amore di Dio, fratello. Andatevene". Ti giuro, Fatima, mi veniva da pian-

[2] *si stagliava*: si ergeva, si innalzava.
[3] *taniche*: recipienti, contenitori.
[4] *spire*: gli anelli che formano i serpenti quando si avvolgono su se stessi.

gere. Perché è tremendo quando vedi un bambino che lavora in condizioni disumane. Noi lo sappiamo. Ma quello era peggio. Perché era un uomo. Un adulto. Un padre. E… non lo so…

– Cos'aveva?

– È che non sembrava più un uomo. È che non aveva più niente. Lui e tutti gli altri che nella luce crescente strisciavano in terra seguendo la loro fila di mattoni. Mi è venuto in mente il nostro Salman, che ci aveva lavorato nelle fornaci, e che si è sempre rifiutato di parlarne. Ora capisco perché.

– Povero Salman! Ti ricordi le sue mani?

– Sì che le ricordo. Allora mi sono avvicinato alla buca e ho cominciato a parlare con i bambini, e anche loro, all'inizio, non mi volevano rispondere. Ma poi il più grande, avrà avuto la mia età, ha cominciato a raccontarmi, e intanto continuava a scavare con la sua zappa e a versare acqua sull'impasto. Era coperto di mota[5] dalla testa ai piedi.

– Cosa ti ha detto?

– Che loro erano in sei in famiglia e che riuscivano a fabbricare anche 1.500 mattoni, i giorni fortunati. Se la terra non era troppo dura. Se non mancava l'acqua nel pozzo. Se solo pochi mattoni si spezzavano alla sferza[6] del sole, perché i mattoni che si rompono non vengono contati. Che certi giorni guadagnavano 120 rupie, e che non bastavano.

– Come mai?

– Perché dovevano pagare al padrone l'affitto della baracca dove vivevano. Mi ha indicato un edificio basso e stretto accanto alla fornace: "Ad ogni famiglia spetta un locale di tre metri per tre, con una stufa per cucinare, qualche branda, un finestrino senza vetri. E al padrone" mi ha spiegato, "devi pagare anche il carbone che consumi, e la roba da mangiare puoi comperarla solo da lui e tutto costa molto più caro, e quando hai comperato il grano

[5] *mota*: fango.
[6] *sferza*: violenza.

per il *roti*[7] e un po' di lenticchie e di cipolle, una fiala di olio, qualche legume, non ti resta più niente della tua giornata di lavoro". Loro avevano un debito enorme e non riuscivano a scalare una sola rupia. "Io" mi ha detto, "erediterò il debito di mio padre, e i miei figli lo erediteranno da me." Si è bagnato le mani nell'acqua torbida. "Andate via" ha aggiunto poi, "tra poco arriverà il *munshi*, il direttore, e lui non ama che qualcuno venga qui."

– E tu cosa gli hai detto, Iqbal?

– Io non sapevo cosa dirgli. Gli ho visto i piedi, a lui e ai suoi fratelli, il più piccolo avrà avuto cinque anni. Mai visti dei piedi così. Ho girato la faccia alla svelta, ma lui se n'è accorto che lo guardavo. S'è messo a ridere. "Guarda!" mi ha detto. Sotto la pianta del piede aveva una specie di callo, alto due dita, nero, spaccato. "Quando si avvia la fornace" mi ha spiegato, "bisogna salirle sopra, lassù, con le ceste, e versare nel buco che c'è al centro il carbone per alimentarla. È come un drago, la fornace: mangia mangia e non le basta mai, dovresti sentire come brontola, e poi sputa fiamme." "E non brucia?" ho chiesto. "Certo che brucia, idiota!" mi ha risposto. Non ho più saputo cosa dirgli.

Non avevo mai visto Iqbal così giù di morale. Quel giorno tutti gli uomini erano tornati dalla spedizione scuri in volto e come scoraggiati. Perfino Eshan Khan che era sempre ottimista e pronto a scherzare.

– Cos'è successo poi? – ho chiesto, anche se lo sapevo già, perché la voce si era sparsa subito, al loro ritorno. Ma mi sembrava che Iqbal avesse bisogno di parlarne.

– È arrivato il *munshi* su una grande automobile. Ci ha visto che parlavamo con gli operai e si è molto arrabbiato. Ci ha urlato di andare via. Eshan Khan gli ha spiegato chi eravamo e che quegli uomini erano liberi, erano lavoratori, e che noi avevamo il diritto di parlare con loro. Ma quello urlava sempre più forte. Capita ogni volta, lo sai anche tu, e perciò non eravamo preoccu-

[7] *roti*: tipo di pane.

pati. Il *munshi* si è guardato attorno. Sembrava pazzo. Era pieno di odio e di rancore[8] verso di noi. È corso nel suo ufficio, una baracca in lamiera dipinta di verde, l'unica con la luce elettrica (si vedevano i fili). Abbiamo pensato che avrebbe telefonato a qualcuno, ai suoi compari o magari alla polizia. "Stiamo uniti" ha detto Eshan Khan, "non possono farci nulla." Il *munshi* è uscito dalla baracca. Stringeva qualcosa di nero tra le mani. Ha allungato le braccia davanti a sé. Aveva una pistola, Fatima. Ha sparato. Abbiamo sentito i colpi mentre ci sparpagliavamo lungo la spianata, mentre scivolavamo sul fango, mentre cercavamo una via di fuga, ha sparato e sparato e intanto continuava a coprirci di insulti e sembrava che non avrebbe smesso mai. Ha sparato per uccidere, Fatima, ed è un miracolo che nessuno sia rimasto ferito. Siamo risaliti sui furgoni e siamo scappati. È la prima volta che succede.

Era sera. Nella grande casa le luci erano accese e stavamo aspettando che ci chiamassero per la cena. Dalle finestre entravano con prepotenza i soliti rumori della strada.

– Questo non cambia niente, Iqbal – gli ho detto.

– Lo so – ha annuito lui, – continueremo lo stesso.

Ma c'era qualcos'altro che mi doveva dire. Ha abbassato la voce ad un bisbiglio. In quel momento è passato un camion, giù in strada, quasi non lo sentivo.

– Ho avuto paura, Fatima. Ma ti prego. Ti prego. Non dirlo a nessuno.

Gli ho appena accennato una specie di veloce carezza, perché mi vergognavo a toccarlo, e poi non era una cosa conveniente.

– A cena! A cena! – ha urlato la moglie di Eshan Khan.

– Non temere – gli ho sussurrato, – lo sapremo solo io e te.

Poche settimane dopo, Iqbal partiva. Ed io pure. Quella è stata una delle nostre ultime conversazioni.

Vorrei avergli fatto quella carezza.

[8] *rancore*: rabbia, risentimento.

15

Era un giorno di novembre, e cadeva una pioggerellina fitta e noiosa, quando Eshan Khan convocò me e Iqbal nel suo ufficio personale – ed era una novità. Eshan Khan era sempre disponibile, ma quando si chiudeva nel suo ufficio, guai a disturbarlo. Questa era sempre stata la regola.

Entrammo in un piccolo locale, intonacato a calce, che a differenza del resto della casa, piena di oggetti, colori e confusione, era invece spoglio e ordinatissimo. Una scrivania coperta di carte ben impilate, il telefono, una sedia dall'aria non molto comoda, l'occorrente per prepararsi il the e un forte odore di tabacco. Eshan Khan camminava avanti e indietro, impaziente, con gli occhi che gli brillavano. Stringeva tra le mani un pallone coperto da tanti disegni colorati.

L'avevamo già visto qualche volta e pensammo: "Oh, no! Lezione di geografia!".

Ma non sembrava il posto adatto.

Eshan Khan fece ruotare il pallone e ci indicò una vasta distesa di terra colorata in giallo: – Questi sono gli Stati Uniti – spiegò, – sono un grande e importante paese.

– Lo so – disse Iqbal che sperava di schivare la lezione, – è dove fanno le canzoni.

– Dove c'è Ollivud[1] – gli diedi manforte io, – e i divi del cinema.

Eshan Khan ci mostrò un puntino sulla costa di un mare sterminato:

– Questa città si chiama Boston – continuò ignorando il nostro sfoggio di cultura, – e qui ogni anno viene assegnato un premio che si chiama "Gioventù in Azione". Viene dato ad un ragazzo che si sia particolarmente distinto in qualcosa di utile, in qualunque paese del mondo. Il premio lo dà la Reebok.

– Lo so – insistette Iqbal, – fanno le scarpe.

Erano mesi che sognava un paio di Reebok, ma costavano troppo.

– Il premio è di 15.000 dollari.

– Quante rupie sono? – chiesi.

– Tante. Più di quante noi possiamo immaginare. Il premio quest'anno è stato assegnato a Iqbal.

Ci fu un lungo silenzio.

– A me? – mormorò Iqbal, smarrito.

– Sì – confermò Eshan Khan, – e sai cosa significa? Che adesso tu sei famoso in tutto il mondo e che tutti sanno cosa succede in Pakistan e della nostra lotta per l'abolizione del lavoro minorile. Vuol dire che d'ora in poi *loro* dovranno stare attenti, prima di toccarci. È una vittoria, Iqbal, ed è merito tuo. Io e te andremo a Boston, a ritirare il premio. E prima... – fece ruotare ancora il mappamondo – ci fermeremo qui.

Ci indicò una regione a forma di cane.

– Questa è la Svezia – spiegò.

– E cos'è?

– Un paese dove fa molto freddo. In Europa. Ci sarà una conferenza internazionale sui problemi del lavoro. Verranno da tutto il mondo. Vogliono sentirti parlare.

– A me? – domandò Iqbal.

[1] *Ollivud*: cioè Hollywood; perché credi che compaia scritto in questo modo nella mente di Fatima?

Eravamo increduli, a bocca aperta. Sembrava un sogno. Sembrava una favola, una di quelle storie che i genitori si inventano per far addormentare i bambini. Non potevamo credere che qualcuno, in quel lontano e sconosciuto posto che chiamavano mondo, sapesse della nostra esistenza e delle nostre sofferenze. Noi non eravamo nessuno, eravamo degli straccioni che fino a un anno prima lavoravano con una catena ai piedi. E tutta quella gente importante che voleva ascoltare Iqbal!

– C'è di più – aggiunse Eshan Khan, – un'università vicino a Boston ti ha assegnato una borsa di studio. Vuol dire che potrai studiare, laurearti. Non volevi diventare avvocato?

Iqbal fece segno di sì con la testa, smarrito. Troppe novità tutte in una volta. Guardava alternativamente me ed Eshan Khan.

– Ma allora... – mormorò, – partiremo...

– Staremo via quasi un mese – disse Eshan Khan, – vedrai, ti piacerà viaggiare, l'Occidente... conoscerai tante cose nuove... Al ritorno potrai restare con la tua famiglia: non li vedi da tanto tempo. E poi studierai e quando avrai l'età per frequentare l'università... devi essere contento.

– Sono contento – disse Iqbal, – ma io voglio rimanere qua, con te e Fatima e Maria... Voglio liberare altri bambini schiavi...

– Continuerai ad aiutarci – lo rassicurò Eshan Khan, – tu sei troppo importante per noi, lo sai. Ma se riuscirai a diventare un bravo avvocato ci sarai ancora più utile. E anche per Fatima ci sono grandi novità: abbiamo trovato il tuo villaggio, finalmente, e la tua famiglia. Tornerai a casa.

Il cuore mi fece un salto nel petto: casa mia! A malapena mi ricordavo com'era fatta! E mia madre? E i miei fratelli?

All'improvviso mi venne da piangere. Che stupida! Tutte quelle belle notizie, e io piangevo. Ma sentivo che stava per finire una parte importante della mia vita. Tornavo a casa, libera. Iqbal sarebbe stato giustamente premiato per tutto quello che aveva fatto. Andava tutto bene. Chi avrebbe mai pensato una cosa del genere, quando subivamo i soprusi di Hussain?

Sono sicura che piangevo per la felicità.

Come passarono in fretta le due settimane successive! Ne ho ricordi confusi, a pezzi, a brandelli, come di certi sogni. La grande casa dipinta di rosa che ribolliva di attività. Tutti che correvano da una parte e dall'altra, presi nei preparativi del viaggio. Giornalisti pakistani e stranieri che volevano sapere del premio. Il giardino che sembrava un bivacco[2]. Com'era triste, eppure pieno di speranza, ogni tramonto. Quanto manca? Nove giorni.

Eshan Khan che parla davanti a tre microfoni. Uno sconosciuto che va in giro scattando fotografie a tutti. Avrei dovuto farmene dare almeno una, adesso ce l'avrei qui con me. I nostri due cani, spauriti dalla confusione, con la coda tra le gambe. Le donne con la bocca piena di spilli che cuciono l'abito all'occidentale che Iqbal indosserà per la cerimonia di premiazione: giacca, pantaloni, panciotto di una bella stoffa blu pesante, perché fa freddo, laggiù.

Iqbal in mutande, vergognoso, mentre gli provano i pantaloni, che mi dice:

– Cosa guardi tu? – e io gli mostro la lingua.

Iqbal da solo, in piedi al centro di una stanza vuota, a ripetere il discorso che dovrà tenere in Svezia e a Boston, che si impappina ogni sei parole e mi dice: – Dai, Fatima, aiutami! – e allora io prendo il testo scritto da Eshan Khan e, leggendo ancora un po' a fatica, gli suggerisco le battute.

– ... Ogni giorno in Pakistan sette milioni di bambini si alzano prima dell'alba, al buio. Lavoreranno fino a sera. Tessono tappeti, cuociono mattoni, zappano nei campi, scendono nei cunicoli delle miniere. Non giocano, non corrono, non gridano. Non ridono mai. Sono schiavi e portano la catena al piede...

---

[2] *bivacco*: campo di stazionamento, sosta di fortuna; questo paragone sottolinea il disordine e l'agitazione che regnavano al Fronte.

– ... Fino a quando ci sarà nel mondo un bambino privato della sua infanzia, picchiato, violato, nessuno potrà dire: non mi riguarda. Non è vero: riguarda anche voi. E non è vero che non c'è speranza. Guardate me: io ho avuto speranza. Voi, *signori, dovete avere coraggio...*

Quanto manca? Sei giorni.

Un acquazzone violentissimo, l'acqua che corre per le strade. Un raro pomeriggio di quiete, un insolito silenzio. La moglie di Eshan Khan che mi prende tra le braccia e mi dice: – Povera piccola –. Mi spiega che mia madre non c'è più e che mio fratello maggiore Ahmed adesso è il capofamiglia, che è impaziente di rivedermi e che pare abbia intenzione di andarsene lontano, chissà dove, a cercare fortuna in un paese straniero dove ci sia per tutti lavoro e dignità – così ha detto – e che porterà con sé anche me e mio fratello minore, Hasan.

E allora io entro di nascosto nella camera da letto di Eshan Khan e sua moglie, apro il vecchio armadio e là c'è l'unico specchio della casa, ci si può vedere interi, mi guardo bene, forse per la prima volta in vita mia. Mi vedo magra, arruffata e cresciuta. Sono cresciuta, sì, basta guardare com'è diventato corto il vestitino che porto, quasi mi scopre le ginocchia. Forse è venuto il momento di indossare la *purdah*. Lo dirò alla moglie di Eshan Khan.

Eravamo d'accordo che avrei raggiunto la mia famiglia solo dopo la partenza di Iqbal. Mi promisero di tenermi informata di tutto e che se davvero fossi dovuta partire per un paese straniero, prima sarei tornata a salutarli.

L'ultima notte che passammo nella grande casa, tutti e due ci alzammo dal letto, senza esserci messi d'accordo, ci incontrammo nel salone e parlammo a lungo, proprio come facevamo nel laboratorio di Hussain.

Parlammo di tante cose, non chiedetemi quali.

Il giorno dopo, all'alba, accompagnammo Iqbal ed Eshan Khan all'aeroporto. Noi due stavamo sul sedile di dietro. Era una giornata di vento forte. Da una terrazza li vedemmo salire sull'aereo. Ci fecero ciao con la mano, così lontani.

L'aereo decollò – il rombo dei motori – e salì sempre più in alto.

Iqbal aveva preso il più grande degli aquiloni.

Avevo il cuore che batteva forte ed una strana sensazione che mi stringeva l'anima e il corpo.

L'aereo sparì all'orizzonte.

"Chissà com'è l'America" pensai.

Allora non potevo sapere che non l'avrei rivisto mai più.

Mi riportarono a casa. Del lungo viaggio ricordo il furgoncino Toyota che sobbalzava su tutte le buche. Ricordo la campagna, a tratti verde, a tratti grigia e allagata. Ricordo gli uomini e gli animali, sparsi in giro, chini al lavoro. Ricordo le strade sterrate e fangose.

A ogni gruppo di casupole pensavo: "Sarà questo il mio villaggio?".

Non mi fidavo della mia memoria, ero confusa.

L'uomo a cui Eshan Khan mi aveva affidata era bravo e simpatico: chiacchierava e chiacchierava per distrarmi, come se avesse capito quel che provavo. Avevo voglia di tornare dai miei, e nello stesso tempo mi dispiaceva.

Arrivammo. Mio fratello Ahmed era diventato un uomo. Hasan, il piccolo, era più alto di me. Dentro la capanna, un po' alla volta, riconobbi oggetti che un tempo mi erano stati familiari. Ritrovai d'istinto la strada per il pozzo, che avevo percorso tante volte, cercando di mantenere la brocca dell'acqua in bilico sulla testa. Anche il bufalo sembrava lo stesso, solo più vecchio e spelacchiato.

Cucinavo, pulivo, aiutavo nei campi, come una volta aveva certamente fatto mia madre. Del lungo viaggio in cerca di fortuna che ci aspettava, sapevo poco e non mi interessava.

Passavano i giorni, in campagna sembravano molto più lunghi.

Ricevetti una lettera di Maria. Corsi a leggermela nel canneto.

Diceva: Qui tutto bene. Che Eshan Khan aveva telefonato, una volta dalla Svezia, altre due dall'America. Che aveva parlato anche con Iqbal, che stava bene. Che Iqbal aveva tenuto il suo discorso, in una città chiamata Stoccolma, e non s'era impappinato affatto e alla fine quei signori vestiti bene che venivano da tutto il mondo si erano alzati in piedi e l'avevano applaudito.

Che anche in America, a Boston, gli avevano fatto grandi feste e tutti lo volevano conoscere e quando gli avevano consegnato il premio c'erano delle signore che piangevano, e che Iqbal si era lamentato perché le scarpe nuove gli facevano male ai piedi. Che mi salutava tanto. Che stavano per tornare. Che Iqbal sarebbe andato per un po' di tempo dalla sua famiglia, perché si avvicinava la Pasqua, una festa che per i cristiani come Iqbal è importante quanto il Ramadan[3] per noi. Che sperava che anch'io stessi bene e com'era il mio villaggio. Che mi avrebbe scritto ancora.

Baci. Maria.

Nella busta c'era anche un articolo ritagliato da un giornale americano: non sapevo leggerlo, naturalmente, ma nel testo trovai diverse volte il nome di Iqbal, e poi c'era una sua foto e la guardai a lungo, anche se era scura e confusa.

Passarono altri giorni, tanti. Me li segnavo con un gessetto in un angolo del muro, per tenere il conto. Passarono due settimane, poi un mese e l'uomo sciancato[4], che una volta ogni dieci giorni girava tra le capanne portando e ritirando la posta, non si vedeva.

– Partiremo presto – mi disse mio fratello Ahmed.

Finito il lavoro sedevo davanti alla porta di casa a guardare il viottolo che portava al villaggio. "Mi hanno dimenticata" pensavo.

---

[3] *Ramadan*: nome arabo del nono mese del calendario islamico dedicato al digiuno.

[4] *sciancato*: zoppo.

Pensavo agli aquiloni, a Iqbal dritto in piedi accanto al tappeto tagliato, a quella notte che avevamo strisciato fino alla Tomba per aiutarlo, a quel pomeriggio al cinema di Lahore. Pensavo che non volevo andare in un paese straniero, brutto e lontano.

Due giorni prima della data fissata per la nostra partenza verso l'Europa, vidi in lontananza lo zoppo arrancare[5] a fatica attraverso i campi fangosi, con la sua borsa della posta a tracolla e il bastone a cui si appoggiava che affondava di un palmo nella mota.

C'era una brutta luce quel giorno, livida[6] e cattiva. Le nubi erano basse sull'orizzonte e tutto sembrava nero e macchiato. Rimasi a guardarlo per mezz'ora, veniva avanti piano piano. Non dico che ebbi un presentimento. Semplicemente, a un certo punto, le lacrime mi sgorgarono dagli occhi, così, da sole.

[5] *arrancare*: avanzare con fatica.
[6] *livida*: bluastra.

16

Fatima, amica mia,
sorella mia molto amata,

come vorrei averti accanto a me in questi giorni, parlarti, piangere tra le tue braccia. Ricordi quante volte l'ho fatto in passato? E tu sempre sapevi trovare il modo di consolarmi e di proteggermi, sempre sapevi trovare le parole giuste. Potessi farlo anche questa volta! Potessimo dividere il nostro comune dolore! Potessi trovarle io, questa volta, le parole giuste!

Lo so, non ti ho scritto per tanto tempo. Avrai pensato che mi ero dimenticata di te, che il mio affetto per te fosse svanito come la nebbia sui campi al mattino. Ma non potevo, credimi, essere io a darti la notizia. Anche adesso la mia mano trema e le lacrime – lo vedi – bagnano il foglio. Perdona la mia vigliaccheria. Ma non devi venirlo a sapere da altri, chissà cosa ti direbbero.

Io te lo racconterò.

Appena tornato dal suo lungo viaggio, Iqbal partì di nuovo. Il suo villaggio, mi hanno detto, non è lontano da Lahore, appena qualche decina di chilometri. Doveva rivedere la sua famiglia e festeggiare la Pasqua, che è una festa dei cristiani, in cui ricordano – mi pare – un loro Dio che venne messo a morte, ma poi risorse. Doveva fermarsi almeno un mese dai genitori, ma poi sarebbe tornato da noi, per riprendere la sua lotta. Diceva che aveva preso un impegno, davanti a tutte quelle persone, in America, e che l'avrebbe mantenuto.

Lo sai com'era fatto.

Dicono che al villaggio tutti lo accolsero come un eroe, con grande gioia. Tutti sapevano che cosa aveva fatto e lo guardavano con ammirazione e rispetto. Tutta la comunità passò dalla sua casa per salutarlo, portargli doni e chiedergli se fosse vero che aveva volato in aeroplano.

Dicono che dopo due giorni Iqbal fosse già stufo e preferisse evitare la gente, uscire per i campi con suo padre, all'alba, e parlare a lungo con lui. E poi, nel pomeriggio, scorrazzare in sella ad una vecchia bicicletta, assieme ai suoi due cugini più piccoli, o giocare all'aquilone.

Ti ricordi come gli piaceva?

Dicono che fosse felice e sereno e pieno di progetti.

Dicono che quella domenica, il giorno di Pasqua, fosse una bella giornata, piena di sole e di luce e che Iqbal prima andò nella sua Chiesa, e poi fece il giro delle case dei parenti che gli regalavano uova – non so perché. E che poi ci fu un grande pranzo, con canti e balli, e c'era perfino la carne – pensa! – e dolci di tutti i tipi, laddu, jalebi all'arancio, barfi[1]*, e che Iqbal ne mangiò tanti da farsi venire il mal di pancia. Poi, mentre gli adulti parlavano tra di loro, i ragazzi si dispersero in giro, a giocare, e ogni tanto si sentivano le loro voci che si chiamavano e gridavano.*

Dicono che saranno state le tre del pomeriggio – qualcuno giura: "No, più tardi, il sole già aveva cominciato a scendere nel cielo" – quando sulla strada all'imbocco del villaggio comparve l'automobile, sollevando una nube di polvere. Era un'automobile grande e nera, sconosciuta, coperta di mota, e sembrava che a bordo non ci fosse

[1] *laddu* ... *barfi*: dolcetti legati alle varie festività.

nessuno e che venisse avanti da sola, macinando la ghiaia con le sue immense ruote. O perlomeno nessuno vide chi c'era al volante.

Secondo alcuni fu proprio in quel momento che scoppiò il temporale, improvviso, e gocce grosse come monete cominciarono a picchiare la terra e il tuono fece tremare i tetti di paglia. Secondo altri, invece, fu più tardi, era già sera, dicono.

L'automobile nera attraversò lentamente il villaggio e poi deviò per un viottolo che portava alle risaie. L'acqua del cielo si confondeva con quella della terra.

Dicono che Iqbal stesse risalendo il viottolo, in piedi sui pedali della bici per vincere la resistenza della salita, con i capelli fradici negli occhi e la maglietta comperata in America che sbatteva al vento.

Nessuno sa cos'è successo, Fatima, sorella mia. Ma un uomo ha sussurrato di aver visto, da lontano, tra l'acqua e il fumo della pioggia, che quando Iqbal passò accanto all'automobile il vetro del finestrino si abbassò piano piano e poi ci furono tre vampe di fuoco, quattro, cinque – chi lo sa – e prima di aver dato l'allarme e di aver radunato gli uomini ed essere accorsi, l'automobile nera non c'era più e non c'erano tracce del suo passaggio, nemmeno un segno nel fango, niente, solo l'acqua sotto il corpo di Iqbal si era tinta di rosso pallido, ma sparì subito anche quella – l'aveva portata via la pioggia.

Questo è quello che ci hanno raccontato.

Ma, ascoltami, Fatima, sorella mia. Io so che non è vero.

Non sono pazza. Per settimane ho creduto di essere tornata come una volta, che non sapevo parlare, ti ricordi? Mi ero chiusa dentro. Continuavo a ripetermi: "Non è vero, sai com'è la gente, come si immagina le cose, come si confonde". Tutti erano convinti che fosse vero, anche Eshan Khan, anche sua moglie. Solo io ero convinta di no.

Poi, un pomeriggio di due settimane fa, hanno bussato alla porta che dà sul nostro giardino. Qualcuno – non ricordo chi – è andato ad aprire e sulla soglia c'era un ragazzino, tutto sporco e con le caviglie segnate dalla catena. Ha raccontato che lavorava in una tessitura di tappeti e che era scappato e che gli avevano detto che noi l'avremmo aiutato a denunciare il suo padrone.

E poi sai cosa ha detto?

Ha detto: "Io non ho paura".

L'ho guardato bene, Fatima: era Iqbal, te lo giuro!

Era uguale a lui! Aveva i suoi stessi occhi, la sua stessa voce.

Tre giorni dopo ne è arrivato un altro. E poi, al mercato, un bambino si è ribellato al suo padrone, uno dei mercanti più ricchi del bazar.

Ho visto anche loro: erano Iqbal.

Non essere triste, Fatima, se puoi. È successo qualcosa che ha cambiato le nostre vite e ci resterà per sempre. Ho detto ad Eshan Khan che sarò io a studiare, ad andare all'università: diventerò avvocato, lotterò per liberare tutti gli schiavi del Pakistan e del mondo.

Sai una cosa? Nemmeno io ho più paura, è la prima volta.

Sorella mia, non so dove andrai, come farò a comunicare con te, se ci rivedremo ancora. Di una cosa sola ti prego: non dimenticare niente. Neanche il più piccolo, insignificante particolare. Raccontala a qualcuno la nostra storia. Raccontala a tutti. Che non se ne perda il ricordo.

Solo così Iqbal sarà sempre accanto a noi.

Abbracciami.

Tua sorella Maria

EPILOGO

Iqbal Masih è stato assassinato il giorno di Pasqua del 1995, a Muritke, un villaggio a trenta chilometri da Lahore, in Pakistan. Aveva circa 13 anni.

Gli esecutori e i mandanti[1] del suo omicidio non sono mai stati scoperti.

Eshan Khan ha dichiarato: "L'ha ucciso la mafia dei tappeti".

Da allora il nome di Iqbal è diventato il simbolo della lotta per liberare decine di milioni di bambini di tutto il mondo dalla violenza e dalla schiavitù.

[1] *mandanti*: responsabili, ideatori.

INDICE

INDICE

FRANCESCO D'ADAMO

STORIA DI IQBAL

UN'ESPERIENZA DI LETTURA

A CURA DI
ANNA FERRARI

GUIDA ALLA COMPRENSIONE E ALL'ANALISI DEL TESTO

In questa parte del libro troverai tre sezioni: Entro nella storia ti guida passo passo alla comprensione dei contenuti, dello svolgimento dell'intreccio, dei punti chiave; Mi soffermo su... ti mostra come operano i meccanismi della narrazione (le tematiche, lo stile, il narratore...); Dentro e fuori la storia ti aiuta di volta in volta, partendo dalla storia che hai letto, a fare collegamenti con altre discipline, con Internet e dintorni, con il magico universo della letteratura.

CONOSCO L'AUTORE

Ciao ragazzi e ragazze,
mi chiamo Francesco D'Adamo e sono l'autore di Storia di Iqbal. *Tutto quello che volevo dirvi sul perché ho deciso di raccontarvi questa vicenda così triste, ma anche così piena di speranza, l'ho scritto nella Premessa. Vi prego solo di leggerla con attenzione perché questa non è una storia come tante, è una storia unica e lo è perché parla di bambini. I bambini dovrebbero studiare, giocare, sognare, ridere, far volare gli aquiloni, per ricordare agli adulti quanto sia gioiosa la vita. Se i bambini soffrono, soffre il mondo intero… Per quanto riguarda me, vivo a Milano e ora faccio lo scrittore, dopo aver provato mille altri mestieri. Se vi venisse la curiosità di conoscermi meglio potete leggere* Lupo Omega, *oppure* Mille pezzi al giorno, *mie creature libresche. Che altro dirvi? Che sono un appassionato del giallo e un lettore vorace, e in genere davvero leggo di tutto, con passione. Mi piacciono i romanzi di Stephen King, H.P. Lovecraft, ma anche* Moby Dick *di Herman Melville, che vi invito caldamente a scoprire quando sarete un po' più grandi. Comunque se volete un consiglio, fatevi qualche giro in biblioteca, e se avete qualche storia nel cassetto, tiratela fuori: le storie esistono per essere raccontate e, come dice Fatima, non fanno male a nessuno, anzi.*

Capitoli 1-8

La vicenda

1 Per ricostruire la vicenda che hai letto, individua tra i seguenti quali sono i *punti focali* della narrazione, quindi usali per fare un riassunto orale:

a) Fatima vive in Italia.

b) Fatima lavorava in una fabbrica di tappeti in Pakistan.

c) Fatima non riesce più a sognare.

d) I bambini che lavorano con lei in quella fabbrica sono trattati come schiavi.

e) Nella fabbrica di tappeti arriva Iqbal.

f) Iqbal è un bambino pakistano.

g) I bambini della fabbrica sono incuriositi da Iqbal.

h) Iqbal non ha paura del padrone come gli altri bambini.

i) Karim è il sorvegliante dei bambini.

j) Iqbal racconta come è arrivato lì.

k) I bambini hanno avuto diversi padroni prima del mercante di tappeti.

l) A Iqbal viene ordinato di confezionare un tappeto pregiato.

m) Alla fabbrica dei tappeti arrivano dei mercanti stranieri.

n) Iqbal taglia il tappeto che ha tessuto.

o) Iqbal viene imprigionato nella Tomba.

p) Gli altri bambini aiutano di nascosto Iqbal a sopravvivere.

q) Arriva un altro ragazzo, chiamato Fuscello.

r) Iqbal, uscito dalla Tomba, fugge dalla fabbrica.

2 Nel capitolo 1 Fatima si trova in Italia e spiega che racconterà la storia di Iqbal «come io l'ho conosciuta, come io la ricordo». Perché secondo te Fatima decide di rendere nota questa storia?

- ❑ per non dimenticarsela;
- ❑ per fare una denuncia sociale;
- ☒ perché Iqbal possa essere da esempio ad altri;
- ❑ per passare in modo creativo il tempo libero.

3 In questa prima parte viene ampiamente descritta la vita dei bambini alla fabbrica di tappeti. Ritrova nel testo le informazioni necessarie e sottolineale, poi prova a ricostruire la loro giornata, partendo dalla sveglia del mattino fino al sonno della sera, indicando orari, azioni, abitudini.

4 Dopo aver ricostruito la giornata-tipo dei bambini, scegli tra questi aggettivi quali ti sembrano i più idonei a descriverla, motivando la tua risposta (per esempio: la giornata-tipo è ***faticosa*** perché i bambini lavorano molte ore senza riposo): *monotona*; *deprimente*; *allegra*; *ingiusta*; *originale*; *triste*; *varia*; ***faticosa***; *noiosa*; *piacevole*.

5 Riprendi ora il testo e sottolinea con un colore diverso da quello che hai usato nell'esercizio 3 tutto quello che ci viene detto su:

- condizioni igieniche;
- condizioni sanitarie;
- violenze/torture;
- alimentazione.

Riassumi ora sotto forma di articolo le informazioni ottenute. Comincia così:

In una fabbrica di tappeti in Pakistan, i bambini lavorano in condizioni igieniche pessime, infatti…

6 Perché i bambini sono costretti a lavorare in queste condizioni?

- ☒ perché in questo modo salderanno il debito contratto dai loro genitori con il padrone;

- ☐ perché hanno accettato loro le condizioni del padrone;
- ☐ perché i loro genitori volevano disfarsi di loro e li hanno venduti.

7 Il padrone traccia su una lavagna dei segni che dovrebbero tenere il conto del lavoro svolto e, quindi, la fine del debito, ma, come dirà Iqbal, «il debito non si cancella mai». Perché allora il padrone finge di tenere il conto delle giornate?

- ☐ per ricordarsi da quanto tempo un bambino lavora per lui;
- ☒ per dare un'illusione ai bambini e farli lavorare di più;
- ☐ per divertirsi a ingannare i bambini;
- ☐ per far sentire la sua presenza.

8 Fatima ci racconta che al mattino lei e gli altri bambini si raccontano i sogni, ma li inventano. Perché secondo te Fatima e i suoi compagni non sognano più?

9 L'arrivo di Iqbal crea un certo scompiglio perché tutti notano che lui è speciale. Quali sono le diverse reazioni dei bambini?

FATIMA	CREDE IN LUI SPERANDO CHE CAMBI QLKS.
KARIM	NON DICE NIENTE
SALMAN	CREDE IN LUI MA PENSA CHE NULLA POTRÀ CAMBIARE
MARIA	COME FATIMA PERCHÉ LA SEGUE SEMPRE
ALTRI BAMBINI IN GENERALE	LO AMMIRANO E SONO ORGOGLIOS

10 Un giorno arrivano degli stranieri per comprare i tappeti. Quali reazioni provoca nel padrone e nella moglie questa visita? Come cambia il loro comportamento verso i bambini?

11 Mentre Iqbal viene mandato nella Tomba dopo aver distrutto il tappeto, si volta verso Fatima perché, secondo lei, voleva dirle *qualcosa*. Prova ad immaginare cosa potrebbe essere questo *qualcosa* e scrivi quindi una frase che Iqbal potrebbe avere avuto in mente di dire a Fatima in quel tragico momento.

12 Sebbene Iqbal venga duramente punito, l'atmosfera nella fabbrica cambia dopo quel fatidico avvenimento. In che senso? Scegli tra questi aggettivi i più adatti a definire lo stato d'animo dei bambini, motivando la tua risposta. I bambini si sentivano: *più allegri*; *più svogliati*; *più sicuri di sé*; *più impauriti*; *più curiosi*; *più stanchi*; *più motivati*; *più efficienti*; *più attenti*; *più annoiati*.

13 Anche il padrone però non è più lo stesso: qual è il suo nuovo stato d'animo?

- [x] è molto innervosito per quello che è successo;
- [ ] è diventato più buono;
- [x] è nervoso e ha paura che Iqbal rifaccia quel gesto;
- [ ] è ancora più dispotico con i bambini.

INCONTRO I PERSONAGGI

1 I protagonisti di questa vicenda sono i *bambini della fabbrica*. Prova e descriverli, completando la tabella, laddove possibile:

NOME	ETÀ	ASPETTO FISICO	CARATTERE	PROVENIENZA
FATIMA	13	magra	riservata partecipe	PAKISTANA
KARIM	17	grande sviluppato	impaurito	ASIA
SALMAN	12	piccolo robusto cicciottello	giustiziere voglioso	AFGAN.

ALÌ	10	minuto	riservato timido	EGITTO
MARIA	9	minuto	timido riservato	AFGANI
FUSCELLO	13	smilzo gracile	partecipe	A FGAN
MOHAMMAD	11	mediamente magro	disposto a tutto	AFRICA

2 Nella tabella avrai lasciato degli spazi vuoti: prova a riempirli usando la tua immaginazione.

3 A quali di questi bambini ti senti più vicino? Quale sceglieresti per amico? Per quali ragioni?

FUSCELLO

4 Soprattutto nel capitolo 1 *Fatima* accenna alla sua condizione di "giovane donna" in Pakistan e in Italia. Dopo aver trovato nel testo le frasi che si riferiscono a questa condizione, prova – parlando in terza persona – a raccontare con parole tue lo stile di vita di Fatima, e le sue sensazioni:
Fatima, essendo una bambina pakistana, ...

5 Ma il protagonista della storia è *Iqbal* (al quale è dedicata anche la scheda *I personaggi* nella sezione **Mi soffermo su...**), e ce ne accorgiamo anche dal modo in cui ci viene presentato. Rispondi alle seguenti domande:

a) Sebbene il suo "arrivo" sia annunciato fin dal titolo, in quale capitolo egli compare?

b) Quali sue caratteristiche fisiche vengono messe in risalto? Cosa ci viene detto in proposito?

c) Cosa lo rende diverso?

6 Anche l'atmosfera che accompagna il suo arrivo è straordinaria, quasi magica, ed è avvolta in una specie di *suspense*. Vediamo come. Riprendi il capitolo 3 e rispondi a queste domande:

a) Il gioco che Fatima fa al telaio preannuncia il ruolo fondamentale che avrà Iqbal: chi rappresentano l'eroe e il malvagio del suo gioco? Cosa stanno facendo nella scena che immagina Fatima? Come va a finire questa scena?

b) Segna ora nel testo iniziale del capitolo (prime cinque pagine) i brani che riguardano l'arrivo di Iqbal e quelli che costituiscono una divagazione. Quali di queste frasi segna la ripresa di ciò che vede Fatima davanti a sé?

«Cos'avete da guardare voi?».
«Mi ero distratta».
«Ma non aveva paura».

Secondo te:

- ☐ la divagazione è inutile;
- ☐ la divagazione serve a creare attesa nel lettore;
- ☒ la divagazione riflette lo stato d'animo di Fatima.

c) Dopodiché ritorna la scena che vede Fatima al telaio; sottolinea cosa viene detto in proposito.

d) Descrivi ora esattamente le immagini contenute in questo paragrafo.

e) Sembra dunque che si instauri una forte opposizione tra la luce e l'oscurità: chi e che cosa rappresentano l'uno e l'altro simbolo?

– luce ....

– oscurità ....

7 Nel capitolo 1 Fatima dice che Iqbal sarebbe potuto essere il suo sposo: come si immagina la scena del loro matrimonio? Come si trasforma Iqbal nella fantasia di Fatima? Rispetto all'idea che ti sei fatto di questo bambino, quanto c'è di vero e quanto di immaginario nel sogno di Fatima?

8 *Karim*, tra tutti i bambini, è quello più legato al padrone: lo aiuta infatti a sorvegliare i lavoranti. Prova a ricostruire il suo comportamento nella vita quotidiana della fabbrica, all'arrivo di Iqbal e quando Iqbal è rinchiuso nella Tomba.

9 Fatima ci dice che Karim «non era nato lupo», cosa significa secondo te? Diresti che sta più dalla parte dei ragazzi o del padrone? O forse non è così facile definire le sue scelte?

10 Chi sono le "teste di legno"?

- ☐ bambini che non vogliono lavorare;
- ☐ bambini senza genitori;
- ☐ bambini più piccoli;
- ☒ bambini che lavorano poco e male.

Cosa non hanno capito, secondo quanto ci dice Fatima? Prova a trovare un altro soprannome per definirli.

11 E veniamo ora al "mondo dei grandi". La figura adulta che si impone in questa prima parte è quella del padrone, *Hussain Khan*. Anche per lui prova a definire:

	HUSSAIN KHAN
ETÀ	46
ASPETTO FISICO	GRASSOTTELLO, CAPELLI BIANCHI, MALVAGIO, BASSO
CARATTERE	MALVAGIO, CRUDELE, SNZ SCRUPOL

Trovi che ci sia una corrispondenza tra il suo aspetto fisico e la sua personalità? SI

12 Anche il padrone, però, verso Iqbal ha un comportamento diverso. Possiamo individuarne due atteggiamenti, prima e dopo la distruzione del tappeto da parte di Iqbal. Quali?

13 Accanto alla figura burbera e autorevole di Hussain, si aggira

come un'ombra quella della *moglie*. Metti in ordine di importanza gli aggettivi con cui è possibile definirla (il primo della lista sarà il più adatto a lei):
aggressiva; *sottomessa*; *gentile*; *minacciosa*; *attenta*; *diffidente*; *impacciata*; *autorevole*; *materna*; *nervosa*.

14 Al capitolo 6 si incontrano gli *stranieri*. Come vengono descritti da Fatima? Da quale paese o continente credi che siano arrivati? E a quale scopo?

15 Un'altra categoria di adulti cui si fa spesso riferimento sono i *genitori dei bambini*. Trova i caratteri comuni delle varie famiglie dei protagonisti. POVERI, VOGLIOSI DI RIVEDERE I FIGLI

16 Ed ora prova a mettere in relazione il mondo dei bambini con quello degli adulti, cercando di spiegare qual è il rapporto tra i bambini e:
– i padroni;
– gli stranieri;
– le proprie famiglie.
Nel complesso, definiresti questi rapporti positivi o negativi?

L'AMBIENTE: I LUOGHI, IL TEMPO

1 Al capitolo 1 Fatima accenna ad una *città* moderna italiana: quale città potrebbe essere? Ci vengono dati dettagli precisi? Perché?

2 Anche in fabbrica i bambini parlano della città, quasi un miraggio lontano e irraggiungibile. Non potendola vedere, i bambini ne sentono solo i rumori. Riprendi il testo ai capitoli 2 e 5: che tipo di rumori sono? Sono simili a quelli che si possono sentire nelle città europee? Cosa c'è di diverso?

3 Ricordi quali particolari della città hanno colpito Fatima e

Iqbal? La città dunque diventa anche un simbolo: di che cosa secondo te?

4. In questa prima parte non si parla solo di luoghi reali, ma anche di luoghi della fantasia, del desiderio, come la casa di fronte al bagno che Fatima cerca di vedere dalla finestrella, il mondo incantato dei sogni notturni e anche il cinema o le immagini della televisione. Ti ricordi in quale modo questi ultimi entrano nella vita dei bambini?

5. Ti pare strano che ci siano paesi in cui un bambino non sappia ancora cosa siano il cinema e la televisione? Se potessi parlare con Fatima e i suoi amici, come descriveresti loro questi mezzi di comunicazione?

6. Sulla *fabbrica di tappeti* ci vengono fornite informazioni precise: sottolinea tutte quelle che trovi nel testo e quindi descrivila accuratamente. Se dovessi farne un disegno, quale/i colore/i prevarrebbe/prevarrebbero?

7. E veniamo al luogo più terribile: la *Tomba*. Completa il brano seguente:

> La Tomba era una CANTINA che si trovava sotto il cortile, chiusa da una BOTOLA vicina a SCALE umide e scivolose. Non c'era ACQUA né CIBO ed era abitata da RAGNI, scorpioni e SERPENTI. I bambini ci venivano buttati per TERRA: dunque questo luogo infernale serviva da TORTURA affinché i bambini lavorassero senza OPPORSI al padrone.

8. Perché a tuo parere la Tomba aveva questo nome?
   - [x] perché in quel luogo si rischiava di morire;
   - [x] perché era buio;
   - [ ] perché era un luogo pauroso;
   - [x] perché non c'era aria.

9. Quali sentimenti ha suscitato in te la descrizione di questo luogo orrendo? Motiva la tua risposta:
   fascino; *paura*; *indignazione*; *meraviglia*; *sconcerto*; *terrore*; *tristezza*; *noia*; *indifferenza*.

10. Più di una volta Fatima dichiara che in fabbrica si pensava solo al presente e mai al futuro. Qual era l'unico elemento del futuro cui pensavano? Cosa rappresenta per loro? Al contrario, cosa impedisce a delle menti fresche e fantasiose come quelle dei bambini di pensare al futuro? E tu, pensi spesso al tuo futuro? E se lo fai, cosa pensi?

11. Qual è però l'unico bambino che pensa al futuro? Perché?

Scopro il modo di raccontare

1. Il racconto si apre con una premessa: da chi è stata scritta? Perché è importante? Ti ha influenzato mentre leggevi il romanzo? In che modo?

2. Nel capitolo 1 Fatima dichiara che racconterà una storia avvenuta ...20..... anni prima: quindi tutto il racconto è un *flashback*. Con l'aiuto dell'antologia o dell'insegnante prova a definire questa tecnica narrativa. Ora prova a iniziare il racconto come se le vicende prendessero l'avvio nel momento in cui inizia il racconto. Comincia così:
   Io e un gruppo di altri bambini lavoriamo da anni in una fabbrica di tappeti...

3 Consideriamo ora il *narratore*, cui l'autore ha dato il nome di Fatima. Indica quali di queste affermazioni sono vere (**V**) e quali sono false (**F**). Correggi quelle false:

- ☐ Il narratore è esterno alla narrazione.
- ☐ Il narratore sa tutto quello che succede e anche quello che pensano i personaggi, cioè è onnisciente.
- ☐ Il narratore è palese, cioè interviene con commenti personali.
- ☐ Il narratore parla in terza persona.

Ora riprendi il capitolo 4 e cita esempi a giustificazione delle tue risposte.

4 Un altro elemento importante della narrazione è il *punto di vista*, cioè l'*angolazione* da cui viene narrata la storia. Sempre nel capitolo 4, sai dire se il punto di vista cambia o rimane sempre lo stesso? Di chi è il punto di vista che prevale?

5 Sapresti dire ora quale/i effetto/i hanno le tecniche narrative che hai analizzato sul lettore?

- ☐ creano un senso di estraneità;
- ☐ creano un senso di maggior coinvolgimento;
- ☐ creano una maggiore verosimiglianza;
- ☐ permettono una più facile identificazione del lettore;
- ☐ ostacolano la comprensione;
- ☐ trasformano la storia in un servizio giornalistico.

6 Molto spesso il narratore divaga, come hai già potuto notare nel capitolo 2. Prova ad analizzare questo capitolo: quale/i funzione/i hanno di solito queste divagazioni?

- ☐ ci fanno conoscere eventi della storia che altrimenti non conosceremmo;
- ☐ ci fanno conoscere il carattere di Fatima;
- ☐ ci distraggono dalla lettura.

Approfondimenti sul narratore li puoi trovare nella scheda relativa nella sezione **Mi soffermo su...**

7 Nel capitolo 5 veniamo a conoscenza delle storie di Iqbal, Fatima, e gli altri. Indica in che modo esse vengono narrate:

- [x] con il discorso diretto;
- [ ] con il discorso indiretto;
- [ ] con il discorso indiretto libero (cioè non introdotto da verbi come "disse", "rispose", "aggiunse"...).

Quale effetto ha sul lettore questa tecnica? A chi vengono narrate queste storie? Rifletti bene...

8 Anche lo stile di questo romanzo è molto ricco. Considera queste espressioni:
insegnare l'aquilone (cap. l); quei segni [sulla lavagna] sono fitti come alberi di una foresta (cap. 2); Lahore si riversava nelle strade (cap. 2); [le mie mani] afferravano i fili, stringevano i nodi (cap. 2); il sole diventava implacabile (cap. 4); non era nato lupo (cap. 5); Sentimmo distintamente [...] lo *sstrappp* dei fili recisi (cap. 6).
Sai dire quale di queste figure retoriche contiene ogni frase? Prova poi a trovare nel testo almeno un altro esempio per ciascuna:
metafora; *similitudine*; *personificazione*; *metonimia*; *sineddoche*; *onomatopea*.

9 Spesso per definire il padrone Fatima usa termini appartenenti al mondo animale. Fai un elenco di queste parole e poi di' a quali animali si riferiscono. Ci sono altri casi in cui si usano termini di questo tipo per descrivere le azioni dei personaggi? Perché a tuo parere l'autore ha instaurato questo paragone?

10 Percorrono il testo, come fili sotterranei, dei vocaboli simbolici: quali tra questi che ti vengono indicati?
lavagna; *finestrella*; *telai*; *aquilone*; *lupo*; *cane*; *autobus*.

Sulla simbologia nel romanzo puoi leggere la scheda *I temi* nella sezione **Mi soffermo su...**

11 L'autore ci dice nella *Premessa* che non è mai stato in Pakistan,

eppure riesce a creare un'atmosfera "esotica". In che modo?

- ❑ descrive molto bene gli ambienti esterni;
- ❑ descrive attentamente le fisionomie dei personaggi;
- ❑ indica luoghi legati a quel paese;
- ❑ usa termini specifici legati alla cultura del paese.

INVITO ALLA RIFLESSIONE

1. Questa prima parte è incentrata sulla descrizione della vita dei bambini in fabbrica, quindi sul problema dello *sfruttamento minorile*. Hai già sentito questo termine? Prova a discuterne in classe con insegnanti e compagni, cercando di stabilire anche quali sono i paesi maggiormente colpiti da questo flagello. Leggete poi **Dentro e fuori la storia.**

2. «I bambini ogni tanto perdono la pazienza e mi dicono: "Uffa! Fatima, sei proprio stupida!". Ma io imparo alla svelta e passerei le giornate a giocare con loro e a scoprire cose nuove, come se anch'io fossi ancora una bambina.» Perché Fatima fa fatica a capire i giochi dei bambini italiani?
   - ❑ perché li trova infantili;
   - ☒ perché non ha tempo: deve lavorare;
   - ☒ perché non sono giochi pakistani;
   - ☒ perché lei non ha mai giocato.

   Tu giochi ancora, vero? Quali sono i giochi che preferisci? Perché?

3. Nel capitolo 1 Fatima racconta la sua esperienza in Italia. Scegli tra questi aggettivi quelli che meglio caratterizzano il suo stato d'animo, motivando la tua risposta. Fatima si sente: *respinta*; *integrata*; *felice*; *accolta*; *estranea*; *motivata*; *spensierata*; *serena*; *triste*; *impaurita*; *esausta*; *annoiata*.

4. Tu conosci bambini stranieri? Come vivi questa esperienza di "scambio culturale"? Discutine in classe.

5. Nel capitolo 7, in cui si racconta dell'esperienza di Iqbal nella Tomba, i suoi amici, aiutandolo, dimostrano un grande senso di *solidarietà*. Cerca sul dizionario il significato di questa parola, poi rifletti sui tuoi comportamenti e racconta brevemente un'esperienza di solidarietà che hai vissuto con amici o compagni.

CAPITOLI 9-16

LA VICENDA

1. Ritrova nei capitoli che hai letto le macrosequenze indicate qui di seguito con dei titoli inventati, segnandole a margine con la matita. Scrivi poi a fianco di ciascun titolo il contenuto della macrosequenza, in non più di trenta parole:
   a) Un aquilone sul tappeto.
   b) Non è vero. Io so leggere.
   c) La primavera dell'aquilone.
   d) Pianti di speranza.
   e) Discorsi e bombe.
   f) L'America.
   g) Lo zoppo.

2. Dopo la fuga, Iqbal arriva alla fabbrica con due poliziotti: che cosa spera di ottenere da loro? Dove li ha incontrati?

3. Descrivi i comportamenti di Hussain Khan, della moglie e dei due poliziotti: quale atmosfera vi è nella fabbrica?

4. Quando i bambini capiscono che anche i poliziotti stanno dalla

parte del padrone, cosa provano? Scegli tra questi aggettivi quelli più adatti:
amarezza; *delusione*; *paura*; *indignazione*; *rassegnazione*; *tristezza*; *apatia*; *noia*; *sdegno*; *meraviglia*.

5 Quando Iqbal racconta la sua esperienza al mercato della città, descrive il lavoro intenso non solo degli adulti, ma anche dei bambini: fai un elenco di queste attività.

6 Cerca di definire di che tipo di lavori si tratta: sono lavori pesanti o leggeri? Adatti a dei bambini? Secondo te si può parlare di "sfruttamento minorile" anche in questo caso?

7 Nella sua esperienza in città, Iqbal racconta anche della prima volta in cui ha visto i militanti del Fronte per la Liberazione del Lavoro Minorile. Riprendi il brano al capitolo 10 e sottolinea le affermazioni indirette che Iqbal fa al proposito: come definiresti la sua reazione?

8 Indica quali reazioni invece suscitano gli attivisti del Fronte rispettivamente:
– sui mercanti;
– sui commercianti di tappeti;
– sui poliziotti.

9 Cosa permette ai bambini di recuperare l'indirizzo del Fronte e quindi di essere poi liberati?

10 Quando i bambini vengono liberati da Eshan Khan, non provano una felicità immediata, ma un senso di NOSTALGIA
Perché?

- ☐ non vogliono essere liberi;
- ☒ hanno fatto l'abitudine alla schiavitù e ora non sanno gestire la nuova situazione;
- ☐ non credono a Eshan Khan;
- ☐ sono troppo piccoli per essere liberi e indipendenti.

11 Quali nuove esperienze vivono i bambini al Fronte?

12 Fatima non aveva mai pianto durante la "prigionia" in fabbrica. Ma dopo la liberazione ci sono due momenti in cui le lacrime le scendono spontaneamente: quali? Come definiresti questo pianto? Di:
rabbia; *tristezza*; *commozione*; *tensione*; *smarrimento*; *odio*; *malinconia*; *paura*; *gioia*; *disperazione*.

Su questo importante momento leggi la scheda *I temi* nella sezione **Mi soffermo su...**

13 Quali attività svolge Iqbal per il Fronte? Sono tutte pericolose?

14 Una delle spedizioni più particolari e pericolose è quella alla fornace. Cosa colpisce maggiormente Iqbal del lavoro in questo luogo?

- ☒ la fatica che fanno i bambini;
- ☒ le pessime condizioni igieniche dell'ambiente;
- ☒ il fatto che anche gli adulti lavorino in modo disumano;
- ☒ l'indifferenza dei lavoratori verso il Fronte.

15 Quando Eshan Khan chiama Fatima e Iqbal nel suo ufficio annuncia che Iqbal dovrà andare:

– in Svezia per TENERE UNA CONFERENZA, RACCONTANDO LA SUA STORIA.

– a Boston per RITIRARE IL PREMIO DE "LA GIOVENTÙ IN AZIONE"

Quali sono le reazioni di Iqbal? E quelle di Fatima? STUPIDO, CONTENTO → PREOCCUPATA FELICE x IQBAL

16 Qual è il clima al Fronte prima della partenza di Iqbal? Cosa prova Fatima?

17 Come e dove la notizia della morte di Iqbal raggiunge Fatima?

INCONTRO I PERSONAGGI

1. In questa seconda parte si ha un processo di crescita da parte di tutti i *bambini della fabbrica*. Prova a ricostruire questo processo per:
   - Iqbal;
   - Fatima;
   - Karim;
   - Salman;
   - Alì;
   - Maria;
   - Fuscello;
   - Mohammad.

   Cerca per ognuno dei bambini di trovare un episodio-chiave, se c'è, che fa scattare in modo sostanziale un cambiamento.

2. Il protagonista di questa seconda parte è ancora *Iqbal*, che senza dubbio fra i ragazzi è quello che si evolve maggiormente. Cosa fa per avvicinarsi così tanto al mondo degli adulti? È possibile più di una risposta:
   - ❑ diventa un militante del Fronte;
   - ❑ si esercita a leggere e scrivere;
   - ❑ aiuta le donne in cucina;
   - ❑ diventa un buon fotografo.

3. Il narratore sottolinea questa sua crescita con un'immagine molto vivida: come appare ora Iqbal? La descrizione è realistica? Da cosa lo capisci? Quali personaggi hanno simili caratteristiche?
   - ❑ i personaggi delle fiabe;
   - ❑ gli eroi delle leggende;
   - ❑ i protagonisti dei racconti di avventura;
   - ❑ altro...

4. Perché Iqbal sceglie di stare con *Eshan Khan* piuttosto che con la sua famiglia?

- ❑ perché ha troppo rancore verso i genitori che l'hanno venduto al padrone;
- ❑ perché non sa più dove sia la sua famiglia;
- ❑ perché vuole stare accanto a Fatima;
- ❑ perché sente di avere una missione più grande da compiere.

5. Al capitolo 15, a un certo punto *Fatima* si specchia e si guarda «forse per la prima volta in vita mia»: ha quindi raggiunto un maggior grado di .... Come si vede la ragazza? Cosa è cambiato in lei?

6. Iqbal e Fatima nell'ultimo incontro si scambiano una fuggevole carezza, ma non si parlano. Cosa avrebbero voluto dirsi secondo te? Inventa un breve dialogo tra i due bambini.

7. Un personaggio che subisce una delle metamorfosi maggiori è *Maria*. Come mai era diventata muta? E cosa la rende ora così importante per il gruppo?

8. Ai capitoli 9 e 12 incontriamo i rappresentanti delle *forze dell'ordine*: prima i due poliziotti e poi l'ufficiale col magistrato. Fai un confronto fra queste due coppie, dandone una descrizione fisica e psicologica. Dal punto di vista fisico, ciò che viene soprattutto descritto è il loro .... Cosa simboleggia? Si potrebbe dire che queste due coppie rappresentano il bene e il male?

9. Se nella prima parte il personaggio protagonista adulto era il padrone, *Hussain Khan*, in questa seconda fa da contraltare un eroe positivo: Eshan Khan. Con gli occhi di chi lo vediamo la prima volta? Descrivine l'aspetto e l'abbigliamento: qual è il colore caratterizzante? Che cosa simboleggia, secondo te, questo colore?

10 Cosa ci viene detto sul suo carattere? Possiamo dire che l'aspetto fisico è coerente con la sua personalità?

11 Fai ora un confronto tra i due protagonisti adulti, completando la tabella:

	ASPETTO FISICO	ABBIGLIAMENTO	CARATTERE
HUSSAIN KHAN	....	....	....
ESHAN KHAN	....	....	....

Trai le tue conclusioni.

12 Considera ora le altre figure adulte, ossia i genitori dei ragazzi: qual è il loro atteggiamento? (Puoi trovare le informazioni nel capitolo 12). Usa gli aggettivi che ritieni opportuni per descriverlo:
passivo; *coraggioso*; *intraprendente*; *sottomesso*; *vigliacco*; *rassegnato*.

13 Prova a confrontare Eshan Khan con i genitori dei bambini: in che cosa si distingue? Diresti allora che anche i genitori sono personaggi negativi come il padrone? O è necessario fare altre considerazioni per spiegare il loro comportamento? Discutine con la classe e l'insegnante.

14 Durante la permanenza al Fronte, gli uomini di Eshan Khan sono minacciati da *loro*. Chi sono a tuo parere questi *loro*?

L'AMBIENTE: I LUOGHI, IL TEMPO

1. In questa seconda parte i bambini escono dalla *fabbrica* e si immergono nella vita della *città*, che nella prima parte era solo un miraggio lontano. Rileggi la descrizione fattane da Iqbal durante la sua prima fuga (cap. 10) e prova a ridirla con parole tue. Che cosa caratterizza la città? In cosa è diversa rispetto all'idea che ne avevano i ragazzi?

2. La nuova *sede* di accoglienza dei bambini è quella del Fronte: fanne una descrizione. Il colore che vi domina è il ....: di cosa può essere simbolo?

3. Nel capitolo 14 viene presentato un altro luogo infernale: la *fornace*. Sottolinea i dettagli descrittivi e cerchia le espressioni o i vocaboli che ne rendono l'atmosfera (come commenti, figure retoriche...), quindi descrivi questo luogo con parole tue sotto entrambi i punti di vista.

4. Confronta ora questo luogo con la fabbrica di tappeti (vedi l'esercizio de *L'ambiente: i luoghi, il tempo* nella sezione precedente): in cosa si differenziano? In cosa invece si somigliano? Prevale/prevalgono lo stesso/gli stessi colore/i? Quale dei due luoghi ti pare più spaventoso? O è difficile dirlo?

5. Quando Eshan Khan annuncia a Iqbal la vincita del premio *Reebok* e i futuri viaggi, si chiude con lui e Fatima nel suo ....: danne una descrizione.

6. Perché a tuo parere questo dialogo così importante si svolge in un luogo piccolo e appartato?
   - ❑ perché questo annuncio è un segreto;
   - ❑ perché il luogo chiuso rimanda all'intimità, e quello è un annuncio molto importante;

- ❑ perché il fatto di essere nel suo ufficio fa sentire Eshan Khan più autorevole;
- ❑ perché l'ufficio rappresenta il mondo degli adulti.

7. Durante il colloquio Eshan Khan parla dell'*Europa* (la Svezia) e dell'*America* (Boston). Come vengono presentati questi due paesi lontani e un po' misteriosi?

8. In questa seconda parte gli spazi diventano sempre più vasti: dalla fabbrica di tappeti, alla città (il mercato e la sede del Fronte), al mondo fuori dal Pakistan (Europa e America). Cosa può simboleggiare a tuo parere questa apertura di spazi? Con quale altra "apertura" dobbiamo metterla in relazione? Per rispondere considera come si è modificato l'atteggiamento dei bambini verso i sogni, i sentimenti, il futuro, il gioco, la libertà.

9. I bambini passano circa un .... al Fronte. Quali sono le loro attività in questi mesi? Com'è la vita quotidiana qui rispetto a quella della fabbrica? Il tempo passa più in fretta o più lentamente? Perché?

SCOPRO IL MODO DI RACCONTARE

1. Metti in *ordine cronologico* questi avvenimenti, numerandoli, quindi ritrova e indica sul testo tutti i *flash-back*:
   - ❑ Iqbal e i poliziotti arrivano alla fabbrica di tappeti;
   - ❑ Iqbal viene mandato nella Tomba;
   - ❑ Maria fa un tappeto con disegnato un aquilone;
   - ❑ Iqbal viene liberato;
   - ❑ Iqbal incontra il Fronte per la Liberazione del Lavoro Minorile;
   - ❑ Iqbal fugge di nuovo;
   - ❑ Maria insegna ai bambini a leggere;

- ❑ il Fronte libera i bambini;
- ❑ Iqbal prende parte alle attività del Fronte;
- ❑ Iqbal riceve l'invito per andare in Svezia e in America;
- ❑ Fatima ritorna a casa;
- ❑ Iqbal torna a casa;
- ❑ Iqbal viene ucciso.

2 Anche in questa seconda parte lo stile narrativo è vario e ricercato: quali termini vengono usati nei capitoli 10 e 11 per descrivere il suono della voce di Maria? Perché e quale è l'effetto che si ottiene?

3 I vocaboli simbolici che hai evidenziato nell'esercizio di *Scopro il modo di raccontare* relativo ai primi capitoli in questa parte si evolvono e, come dire, si *concretizzano*: cosa diventa l'aquilone? E la finestrella di Fatima?

4 Analizza ora il manifesto del Fronte per la Liberazione del Lavoro Minorile (cap. 11): quale tono lo contraddistingue? Quali elementi del testo lo confermano? Ritrova e indica ora: la parte di denuncia, la parte dichiaratamente esortativa, la parte di richiesta. Prova poi tu a redigere un manifesto sull'esempio di questo per denunciare un problema che ti sta a cuore.

5 Fatima, quando sta per ricevere la notizia della morte di Iqbal, parla di presagio. Questa sensazione è riflessa anche dal modo di narrare: quale elemento del paesaggio viene sottolineato? Quale figura umana appare? Trova tra questi un vocabolo che riassuma il sentimento comunicato da questa scena: *solitudine*; *desolazione*; *disperazione*; *indifferenza*; *resa*; *sconfitta*.

6 Considera ora l'episodio della morte di Iqbal: in quale ora del giorno avviene? Sono presenti oggetti o persone? Com'è il tempo atmosferico? Quali colori vediamo e quale intuiamo? Quanto *dura* l'episodio in sé e quanto *dura* invece la narrazio-

ne? Vi è un'accelerazione o un rallentamento? Quale effetto suscita una descrizione di questo tipo? Scegli le risposte che ritieni più opportune:
tristezza; *angoscia*; *paura*; *orrore*; *suspense*; *altro*...

7 La morte di Iqbal viene raccontata da Maria tramite una lettera. Prova a far raccontare l'episodio a Fatima, come se l'avesse vissuto in prima persona, mettendo quindi in evidenza i suoi stati d'animo durante i vari momenti della scena.

8 Confronta l'episodio della morte di Iqbal nel romanzo con quanto ci viene detto nell'epilogo e rispondi a queste domande facendo riferimento a entrambi:
– in quale giorno viene assassinato Iqbal?
– qual è la data precisa?
– dove è avvenuto l'assassinio?
– in che modo è stato ucciso Iqbal?
– chi sono stati i mandanti?
– nell'epilogo ti vengono date notizie in più? Quali? Per quale motivo? Metti in relazione premessa ed epilogo per dare una risposta. Trovi che l'autore abbia ricostruito con cura la vicenda di Iqbal, pur partendo da queste poche informazioni? Scrivi un breve commento. Vedi poi anche **Dentro e fuori la storia**.

INVITO ALLA RIFLESSIONE

1 In questa seconda parte, attraverso i personaggi dei poliziotti, si affronta il problema della *giustizia* che spesso è però legata alla *corruzione*. Cerca sul dizionario il significato di questo termine. Hai mai incontrato (nella vita, nei mezzi di comunicazione) questo fenomeno?

2 A che cosa associ il concetto di *giustizia*? Hai mai vissuto esperienze che ti hanno messo in contatto con le leggi (anche piccoli episodi, come una multa data a uno dei tuoi genitori)?

3. Nella tua scuola ci sono "leggi" severe o blande? Come pensi che debba essere regolata la vita scolastica? In modo rigido o flessibile? Discutine in classe con l'insegnante.

4. I bambini riescono a liberarsi grazie agli insegnamenti di lettura da parte di Maria. Quali sono state le tue prime esperienze di lettura? Sono state difficoltose o piacevoli? Credi che leggere sia importante nella vita di una persona? Perché?

5. Più di una volta viene raccontato il pianto liberatorio di Fatima. Prova a raccontare un episodio in cui hai provato anche tu un'emozione forte al punto che non sei riuscito a trattenere le lacrime. Pensi che piangere sia vergognoso, umiliante?

6. Nell'episodio della fornace Iqbal viene colpito dal fatto che lì lo sfruttamento non riguarda solo i bambini, ma anche gli adulti. Tu vedi intorno a te casi di sfruttamento o maltrattamento sul lavoro anche di persone adulte? O ne hai sentito parlare? Temi che in futuro, quando anche tu lavorerai, potrai correre questo rischio?

7. Negli ultimi capitoli si parla dell'Occidente, ossia del mondo in cui vivi tu. Come viene presentato l'Occidente da Iqbal e dai suoi compagni? Corrisponde alla tua realtà?

8. E tu? Che immagine hai dei paesi in cui è ambientata questa storia? Avevi mai sentito prima parlare del Pakistan? Prova a fare una ricerca su questo paese, cercando di capire cosa lo caratterizza rispetto ai paesi occidentali.

9. E veniamo infine al protagonista di questa storia: Iqbal, un ragazzino più o meno della tua età diventato martire per una causa politica e sociale. Condividi il comportamento di Iqbal? O avrebbe fatto meglio a ritornare con la sua famiglia? Hai conosciuto altri ragazzi simili a lui? O magari ti senti tu un po' come lui?

Mi soffermo su...

1. I temi

La libertà

La storia di Iqbal è la vicenda di un adolescente che si ribella a un'autorità dura e spietata e cerca in tutti i modi di salvare se stesso e i suoi compagni dalla schiavitù: il suo è dunque un cammino verso la *libertà*.

1. La libertà è simboleggiata nel racconto da diverse immagini, tra le quali quella dell'*aquilone*, che compare fin dalle prime pagine: ricordi cosa dice Fatima nel capitolo 1?

2. A questa prima immagine tuttavia sono legate, quasi inscindibilmente, sensazioni di gioia e sensazioni di tristezza: a cosa sono dovute entrambe?

3. Chi potrebbe essere l'aquilone che s'impiglia nelle antenne e muore? Considera queste risposte, scegli quelle che ti sembrano opportune e giustificale:

   a) La stessa Fatima, che ha trovato una nuova forma di prigionia nel paese straniero in cui vive.

   b) Iqbal, che dopo il suo volo straordinario è purtroppo morto.

   c) Il vivere in città, che non permette giochi come quello dell'aquilone.

   d) Il sogno di vivere liberi.

4. Ripercorri ora il romanzo e sottolinea i momenti in cui il simbolo dell'aquilone irrompe nella storia; fai un elenco di questi momenti e cerca di dare loro un significato: sono momenti particolarmente significativi della vicenda?

5. Alla fine della storia l'aquilone diventa un oggetto più concreto, ossia un .... che farà volare Iqbal in Europa e in America. Perché anche il *volo* può essere collegato al concetto di libertà?

- ❑ perché il volo non ha regole;
- ❑ perché il volo presuppone spazi grandi;
- ❑ perché volare porta in alto;
- ❑ perché chi vola è solo, quindi libero da vincoli di ogni tipo.

6. Il tema del *volo* come simbolo di libertà è trattato in un bellissimo mito greco, quello di Icaro. Puoi leggerlo ne *Le metamorfosi* di Ovidio (con l'aiuto dell'insegnante), oppure nella ricostruzione romanzata di Mino Milani, *La storia di Dedalo e Icaro*, in questa stessa collana.

7. Al capitolo 2 Fatima parla poi di un volo metaforico, il *sogno*. Sognare può essere una forma di libertà? Credi che i sogni – notturni o ad occhi aperti – debbano essere liberi per essere veri? Tu sogni spesso? Quando? Racconta per iscritto.

8. Anche Fatima ha un simbolo di libertà, la finestra: ritrova nel capitolo 1 il punto in cui compare per la prima volta. Quale immagine e quali sensazioni sono legate ad essa?

9. Nel corso del romanzo l'immagine della finestra è ripresa dalla finestrella del bagno attraverso la quale ella vede la casa accanto a quella di Hussain Khan. Anche in questo caso Fatima deve "spiccare un volo" per raggiungerla perché, non a caso, la finestrella è posta in alto sulla parete. Recupera nel romanzo i punti in cui si parla di questo elemento-simbolo, annota i sentimenti di Fatima legati alla finestrella e trai delle conclusioni.

Davanti ad una libertà da tanto agognata, però, i bambini si sentono più smarriti che felici: non è infatti facile gestire la propria vita se nessuno ci ha insegnato a farlo, se non siamo stati resi responsabili di noi stessi e delle nostre azioni.

Tu vivi un'età in cui sei ancora molto legato alle regole – familiari e scolastiche soprattutto – ma hai nello stesso tempo un grande desiderio di autonomia e autogestione.

10 Come concili queste due necessità? Ti senti spesso "schiavo" di vincoli imposti e che non condividi? O, al contrario, ami dover seguire delle regole perché ti danno sicurezza? Discutine con i compagni.

I bambini forse però per la prima volta sono smarriti perché finalmente hanno modo di vedere in faccia i propri sentimenti. Prima sfiniti dal lavoro, incatenati al telaio, mezzi morti di fame non potevano "permettersi" di avere dei sentimenti, sarebbe stato troppo difficile sopportare la loro condizione: ecco cosa dice Fatima al capitolo 9: «Lavoravo e cercavo di non sentire i morsi della fame [...] Avevo fame, ero stanca, ero disperata». Mai prima aveva avuto così chiara coscienza della sua situazione; ecco cosa dice infatti al capitolo 12: «Non avevo mai pianto in tutti quegli anni. Non avevo pianto quando mi sentivo sola e sperduta, prigioniera nel laboratorio di Hussain; non avevo pianto quando le mani mi sanguinavano dopo una giornata di lavoro; non avevo pianto quando temevo che Iqbal morisse, giù nella Tomba. Ma in quel momento non riuscivo a trattenere i singhiozzi [...] Ma non piangevo per la paura. Era qualcos'altro». Quel "qualcos'altro" è la scoperta del dolore taciuto per anni. Con la libertà "esteriore", la liberazione dalla schiavitù, è giunta la libertà interiore, la consapevolezza.

11 Tu sai esprimere i tuoi sentimenti? Prova a chiudere gli occhi e a rimanere in silenzio per cinque minuti, dopo scrivi tutte le sensazioni che hai provato. Mostrale al tuo vicino di banco e confrontatele, poi provate a descrivere per iscritto questa esperienza.

12 Il cammino verso la libertà, un cammino in salita, è passato attraverso la consapevolezza e la sconfitta della paura. Chi è il portatore di questi valori? Ti ricordi cosa dice Fatima di lui fin

dall'inizio? O cosa dice lui a proposito del debito? Cosa fa Salman per soccorrere la piccola Maria? Sarebbe stato possibile questo atteggiamento prima dell'arrivo di Iqbal?

13 Il risveglio alla consapevolezza è simboleggiato anche dal riacquisto della parola da parte di Maria: qual è la sua funzione d'ora innanzi nel romanzo? Credi che imparare a leggere sia una forma di consapevolezza?

Iqbal riassume in sé tutte queste caratteristiche: Iqbal è il sogno di Fatima, è la sua libertà, è il volo verso la finestrella, è la consapevolezza del coraggio. Iqbal dunque sembra perdere la sua connotazione di ragazzo per assurgere a simbolo stesso, a eroe mitico, come è stato preannunciato dalla scena che Fatima immagina al telaio nel capitolo 3.

14 Tu lo ammiri? Quali punti del romanzo ti hanno più commosso? Pensi anche tu che la libertà sia il più grande dono dell'uomo? E Fatima, secondo te, è libera? Cosa c'è di diverso tra la sua condizione attuale e quella in Pakistan?

2. Il narratore

Il narratore di questa storia è una ragazza, Fatima, che racconta la vicenda in prima persona, ossia dicendo "io...". Siamo alla presenza di un *narratore interno*: colui che narra (che, attenzione, non corrisponde all'autore, Francesco D'Adamo) è un personaggio *interno* alla storia, che quindi presenta gli avvenimenti dal *suo punto di vista*, inevitabilmente *soggettivo.*

1. Scegli un altro personaggio della storia – anche tra gli adulti – e prova a riscriverla, in forma abbreviata, secondo il suo punto di vista. Cosa cambia nel racconto? Troverai delle belle sorprese...

2. Ed ora prova invece a raccontare la storia come se tu fossi un *narratore esterno*, ossia che racconta *in terza persona* le vicende perché *esterno* agli avvenimenti, che ha quindi una visione più *oggettiva* dei fatti. Anche in questo caso la storia non ti sembrerà quasi più la stessa...

3. Il racconto dunque avviene in prima persona e il punto di vista è quello di una bambina. Perché credi che l'autore abbia deciso di far narrare la vicenda a una ragazza?
   - ☐ perché se fosse stato Iqbal a raccontare sarebbe stato poco verosimile;
   - ☐ per dare al racconto una patina di romanticismo;
   - ☐ perché questo racconto è il ricordo di Fatima;
   - ☐ perché l'occhio femminile è più sensibile;
   - ☐ ... (puoi aggiungere altre motivazioni).

4. Dando la voce a Fatima, l'autore ci ha fatto conoscere i sentimenti e gli stati d'animo profondi di questa ragazzina: qual è il suo sogno più ricorrente, oltre a quello della libertà?
   - ☐ tornare a vivere in Pakistan;

- ☐ sposarsi con Iqbal;
- ☐ diventare uno spiritello invisibile.

Come ragazza, lo condividi? Come ragazzo, ti sei mai chiesto quali sono i sogni delle tue amiche? Discutetene in classe.

5 Fatima ha sempre soggezione nei confronti dei maschi, però sa benissimo quale sia il suo valore: cosa vorrebbe dire a Salman, nel capitolo 4, quando questi afferma che le donne non capiscono niente?

6 Prova a ripercorrere il romanzo e a segnare quali sono le diverse reazioni di Fatima:
- all'arrivo di Iqbal;
- alle sue fughe;
- alla sua decisione di rimanere al Fronte e di partire per il mondo.

Quale sentimento prova Fatima per questo ragazzo? Sceglinе uno o più tra quelli elencati, motivando la tua risposta:
amore; *amicizia*; *simpatia*; *stima*; *gelosia*; *sottomissione*; *competizione*; *affetto*; *dipendenza*; *tenerezza*; *fratellanza*; *indifferenza*.
Quale immagine di lui presenta a noi lettori?

7 Come definiresti, considerando tutta la vicenda e i punti evidenziati prima, questa ragazzina-narratore?
coraggiosa; *dotata di forza di volontà*; *debole*; *passiva*; *insignificante*; *devota*; *risoluta*; *ubbidiente*; *ribelle*.

8 Credi dunque che questa scelta da parte dell'autore, cioè quella di far narrare la storia da una ragazzina, sia efficace? Perché?

9 Prova a immaginare che la fine di questa storia, purtroppo vera, possa essere diversa, che Iqbal non muoia ma continui la sua lotta contro lo sfruttamento minorile. Come pensi avrebbe potuto proseguire la sua vita? Pensi che avrebbe vissuto insieme a Fatima o le loro strade si sarebbero comunque divise?

10 Fatima probabilmente ora vive davvero in una città italiana e potrebbe essere una tua compagna di scuola. Cosa le diresti se la incontrassi? O cosa le scriveresti se conoscessi il suo indirizzo?

11 Anche a te è capitato di perdere un grande amico (non necessariamente perché è morto, magari è andato a vivere in un'altra città, o magari questo tuo amico era un cagnolino, un gattino che si sono persi...)? Racconta la tua esperienza in prima persona, proprio come ha fatto Fatima con Iqbal, «come io l'ho conosciuta, come io la ricordo».

3. I personaggi

Questa è la *Storia di Iqbal* e la scheda è dedicata proprio a questo straordinario personaggio, il protagonista della vicenda. Cerchiamo dunque di ripercorrere il suo cammino verso la libertà.

1. Quando Iqbal, nel capitolo 3, arriva alla fabbrica, viene descritto da Fatima come “molto alto, sottile, bruno”, con gli occhi “dolci e profondi” che “non avevano paura”. Prova a fare un disegno di Iqbal, aggiungendo altri particolari (abbigliamento, capelli...) e poi scrivi di nuovo una sua descrizione, cercando di essere il più preciso possibile. Tieni conto anche di tutto quello che sai su di lui.

2. La prima notte dopo l’arrivo di Iqbal, alcuni ragazzi del gruppo sgusciano verso di lui per conoscerlo. Allora lui racconta la sua storia: prova ora a raccontarla tu, non più con le parole di Iqbal, ma con le tue, quindi parlando in terza persona.
Il padre di Iqbal si alzava presto al mattino...

3. Iqbal propone immediatamente a Fatima di scappare. Perché a tuo parere sceglie proprio lei? Prova a inventare una serie di pensieri che Iqbal avrebbe potuto avere all’arrivo in fabbrica, alla vista di Fatima. Usa la tecnica del *monologo interiore*, ossia esprimi i pensieri senza frasi introduttive. *Esempio: Che bella ragazza. E poi si vede che è coraggiosa e forte, i suoi occhi...*

4. Sebbene Iqbal sia convinto che non rimarrà a lungo nella fabbrica, lavora in modo molto diligente, senza lamentarsi. Perché?
   - ❑ perché ha il senso del dovere;
   - ❑ per fare un favore al padrone;
   - ❑ per prendere in giro il padrone;
   - ❑ perché sta tramando il suo piano.

5. Il primo grande gesto di ribellione di Iqbal è la distruzione del tappeto. Come si rivela allora Iqbal? Scegli tra gli aggettivi quelli più adatti, motivando la tua risposta:
arrogante; *coraggioso*; *intelligente*; *ipocrita*; *inconsapevole*; *infantile*; *generoso*; *amante del rischio*.

Malgrado l'esperienza tragica della Tomba, Iqbal scappa di nuovo e denuncia il padrone ai poliziotti, i quali poi staranno dalla parte di Hussain Khan. Queste figure rappresentano un altro tradimento del mondo adulto verso Iqbal, dopo il padrone e forse, in parte, anche dopo la sua famiglia. Ma finalmente arriva un adulto "buono": Eshan Khan. Un uomo amante della giustizia, mite ma determinato, che farà subito da padre a Iqbal e lo guiderà verso una maggiore consapevolezza di se stesso e dei suoi diritti.

6. Rileggi la descrizione di Eshan Khan fatta da Iqbal al capitolo 10 e da Fatima al capitolo 12, quindi fai una sorta di *collage* e prova tu a farne una descrizione la più completa possibile, aggiungendo anche particolari che non trovi ma che ti paiono coerenti col personaggio.

La vita dei ragazzi al Fronte è un momento quasi paradisiaco: vestiti puliti, cibo, giochi e, soprattutto, libertà! Iqbal però, rispetto agli altri, si impegna in modo più attivo, imparando a leggere e a scrivere, partecipando alle riunioni degli adulti e diventando quindi un vero e proprio militante del gruppo. Malgrado le prime resistenze di Eshan Khan, infatti, i "grandi" capiscono che il ragazzo potrebbe essere molto utile per scovare fabbriche abusive perché «è svelto» e «può penetrare di nascosto nelle tessiture, parlare con i bambini che di lui si fideranno, procurarci le prove indispensabili».

7. Prova dunque a raccontare l'attività di attivista di Iqbal al Fronte: quali sono i suoi compiti, i suoi tempi, i rischi che corre e le vittorie che ottiene.

Infine il grande evento: Iqbal esce dal Pakistan e va a denunciare al mondo i soprusi del lavoro minorile nel suo paese.

8 Ricostruisci i preparativi di questo viaggio e le attività di Iqbal una volta giunto in Europa e in America.

Iqbal muore nel giorno di Pasqua mentre si trova nel suo villaggio e sta risalendo con la bicicletta un viottolo, in piedi sui pedali «per vincere la resistenza della salita», un gesto quotidiano, quasi giocoso, semplice che però è nello stesso tempo molto significativo: tutta l'esistenza di Iqbal è stata un tentativo di vincere la resistenza di una salita, quella – simbolica – verso la libertà, attraverso la denuncia delle condizioni di lavoro nel suo paese. Questa salita l'ha reso, appunto, un uomo adulto, consapevole e forte, convinto che la lotta può servire per migliorare le sorti del mondo.

9 Che senso ha, allora, la sua morte? Pensi che con la morte di Iqbal siano morti anche i suoi sogni? Che tutto sia stato inutile? Che senso hanno avuto questi sforzi per crescere se si sono conclusi con una fine violenta e ingiusta? Discutine in classe.

La storia di Iqbal vive però nel racconto, il racconto di Fatima che è divenuto un romanzo.

10 Credi che raccontare la propria storia o la storia degli altri abbia un senso? Che scrivere e leggere possano essere un sostituto della vita? O renderla più vera? O affiancarsi ad essa, per comprenderne in modo più profondo i meccanismi? Oppure, se si vive intensamente, è del tutto inutile leggere e scrivere?

Dentro e fuori la storia

Non poteva esserci un **Dentro e fuori la storia** migliore di quello che lo stesso Francesco D'Adamo ha scritto come postfazione a *Storia di Iqbal*. Diamo quindi la parola a lui.

Postfazione

Personalmente non amo molto i romanzi troppo scopertamente "didattici", in cui gli intenti educativi superino quelli letterari: io scrivo per il piacere di scrivere e di inventare delle storie, con la presuntuosa speranza che questo susciti nei miei giovani lettori il piacere di leggere. Ma è evidente che questa volta non ho scelto a caso di raccontare una storia vera e di raccontare una storia come quella di Iqbal.
Su questo bambino pakistano avevo letto un articolo su un quotidiano, qualche anno fa. Il giornalista lo definiva "un piccolo Spartaco". Mi venne da pensare che, in altri tempi, Iqbal sarebbe diventato un simbolo e, forse, avrebbero messo la sua immagine sulle magliette (nel bene o nel male, vedete voi).
Il giorno dopo già non se ne parlava più. Un anno fa ho ritrovato il suo nome e il suo volto su di un manifesto che sbatteva al vento da un muro. Lo ammetto: me n'ero dimenticato, come mi sono dimenticato di tante altre storie atroci che quotidianamente mi colpiscono. Forse perché sono troppe e troppo atroci.
La memoria si va perdendo. Quella collettiva, ma anche quella individuale – mi pare – diventa sempre più pigra e sfuocata, davanti ad un passato che a furia di essere rimaneggiato, inquinato, revisionato e rimosso, ci porta alla fine a dubitare anche dei nostri ricordi. Questo è il timore, ad esempio, dei pochi, ormai molto anziani, sopravvissuti ai campi di sterminio: "Dopo di noi" dicono, "chi resterà a ricordare?".
Ecco, diciamo che *Storia di Iqbal* è una testimonianza, un piccolo contributo per rinvigorire la memoria.
Spero che a qualcuno – penso agli insegnanti ma anche ai ragazzi

stessi, naturalmente – venga voglia di saperne di più sullo sfruttamento dei bambini, dopo aver letto il romanzo. In queste brevi note cercherò di dare solo qualche semplice indicazione, soprattutto bibliografica, e di fornire qualche spunto per un eventuale lavoro in classe.

Le cifre, innanzitutto: quanti sono i bambini e le bambine sotto i 15 anni costretti nel mondo a lavorare, spesso in condizioni disumane che rasentano la vera e propria schiavitù?
Impossibile avere dati precisi, per ovvie ragioni: il fenomeno varia da continente a continente, da paese a paese, "… si tratta di realtà sommerse, fuori dalla legalità, coperte da omertà e complicità. Secondo la stima dell'Organizzazione Internazionale del Lavoro (OIL), i bambini lavoratori al di sotto dei 15 anni sono circa 250 milioni. Il 61 per cento in Asia, il 32 per cento in Africa, il 7 per cento in America Latina".
Sono cifre approssimate certamente per difetto. D'altronde come catalogare i milioni di bambini abbandonati e randagi, dai *meninhos da rua* brasiliani alle bande che popolano le fogne di Bucarest e di altri paesi dell'Est Europeo travolti dai recenti cambiamenti? Come censire i milioni di bambini e adolescenti di entrambi i sessi che "lavorano" nel mercato clandestino, semiclandestino, quasi legale dello sfruttamento sessuale, su cui alcuni paesi hanno costruito una vera e propria industria?
Nel tentativo di conoscere meglio il fenomeno per poter individuare migliori strategie di intervento, l'OIL distingue tra *child labour* e *child work*.
"Il *child labour* dovrebbe indicare tutte le attività lavorative svolte da bambini all'esterno della propria famiglia in qualità di dipendenti e con tempi e ritmi tali da impedire la frequenza scolastica, quindi a tempo pieno con gravi rischi per la salute mentale e fisica. Spesso in condizioni di sistematica violazione dei diritti umani fino a vere e proprie forme di schiavitù.
"Il *child work* dovrebbe indicare tutte le forme di lavoro che non violano i diritti dei bambini e delle bambine e non ostacolano la frequenza scolastica, quindi non a tempo pieno."
In quali paesi soprattutto è diffuso lo sfruttamento del lavoro minorile?

In quelli del Sud, naturalmente, nelle aree più povere del mondo, dove bambini e bambine sono impiegati come raccoglitori nelle piantagioni, come operai nelle miniere, nelle fabbriche di tappeti, nelle fornaci di mattoni, nel lavoro servile domestico, nei mercati di strada, nelle fabbriche di giocattoli e di abbigliamento...
"La povertà, l'aumento del debito internazionale, i salari bassi, l'aumento delle famiglie che vivono al di sotto della soglia di povertà assoluta, la disoccupazione degli adulti, le scelte dei datori di lavoro per aumentare i profitti, le scelte spregiudicate delle multinazionali nella delocalizzazione delle produzioni sono tutti elementi che favoriscono lo sfruttamento dei bambini. Secondo una stima dell'OIL, il 5 per cento dei bambini al di sotto dei 15 anni lavora per le multinazionali..."
Queste cifre e citazioni sono tratte da D. Invernizzi, D. Missaglia, *I bambini a studiare, i grandi a lavorare*, Ediesse (libro e videocassetta). Molte e chiare informazioni sul lavoro minorile nel mondo e in Italia, sugli strumenti giuridici internazionali, sulle organizzazioni. Schede di lavoro e percorsi didattici. Nella cassetta, filmati e interviste. Adatto anche per gli studenti della Scuola Media.
D'altra parte è significativo che il fenomeno dello sfruttamento minorile sia presente anche nel ricco e opulento Nord del mondo: negli USA, dove coinvolge soprattutto i figli delle minoranze etniche ancora discriminate dal punto di vista economico (almeno 500.000 piccoli *chicanos* impiegati nelle piantagioni di frutta della California, spesso a contatto con pericolosi pesticidi chimici). Più di mezzo milione in Italia, e non solo nelle aree tradizionalmente depresse.
A questo proposito cito la recente *Indagine conoscitiva sul fenomeno lavoro minorile in Italia*, a cura della CGIL Nazionale, in collaborazione con l'Associazione dei ragazzi "L'Aquilone" (reperibile presso le sedi sindacali). Preciso e documentato rapporto, ricco di dati e tabelle, sulla condizione di molti adolescenti nel nostro paese, tra abbandono scolastico, mercato nero, devianza e microcriminalità (per gli insegnanti, data la complessità).
Nella presentazione, Luigi Agostini (responsabile CGIL del Dipartimento diritti di cittadinanza e politiche dello Stato) afferma: "I bambini al telaio in Pakistan, come il crescere dell'esclusione nelle aree metropolitane, sono un fenomeno moderno, non sono cioè

una semplice eredità di comunità arcaiche, si trovano nei paesi più poveri come in quelli più ricchi, non sono un'eccezione ma l'inevitabile 'Sud di qualsiasi Nord', sono il prodotto di situazioni dove il profitto è diventato l'unico parametro, e dove la competizione più sfrenata è stata assunta come criterio di progresso".
Lo stesso concetto – le nuove forme di schiavitù, ancora più violente e degradanti di quelle "classiche" che tutti conosciamo (le navi negriere, i campi di cotone...), non sono un residuo del passato ma un prodotto dei moderni rapporti di produzione e del processo di globalizzazione, che, tra l'altro, ha tolto qualsiasi valore alla merce umana – lo troviamo nel doloroso saggio di K. Bales, *I nuovi schiavi*, Feltrinelli. Anche questo soprattutto per gli insegnanti, ma alcune parti, a mio giudizio, utili anche per gli studenti più grandi.
Ricchissimo di analisi "sul campo", in India, in Pakistan, in Brasile, il testo spiega, tra l'altro, il perverso meccanismo del debito ereditario (citato in *Storia di Iqbal*) che porta alla schiavitù milioni di bambini del Sud-Est asiatico, per cifre (mediamente 20 dollari) che fanno arrossire di rabbia e di vergogna.
Nello stesso saggio c'è l'analisi impietosa del valore commerciale dello schiavo americano – un investimento costoso che andava protetto, se non altro per interesse – e dello schiavo attuale, valore zero vista l'abbondanza della merce, e che quindi può essere sfruttato e gettato via, come un qualsiasi oggetto, quando "si rompe" o non serve più.
Per i ragazzi, posso suggerire ancora *Sulla pelle dei bambini*, EMI, a cura del Centro Nuovo modello di Sviluppo. Semplice e chiaro, ricco di esempi e di testimonianze. E, naturalmente, tutto il materiale messo a disposizione da organizzazioni come UNICEF o Mani Tese, che da anni documentano il fenomeno e cercano di combatterlo.
Concludo: terminata la stesura di *Storia di Iqbal*, in quello stato di torpore che segue la fine di un romanzo dopo mesi di lavoro, vengo a sapere dai telegiornali d'una nave che vaga come un vascello fantasma lungo le coste del Golfo di Guinea. Pare sia una nave negriera, carica di bambini.
Quando finalmente la nave approda, a bordo dei bambini non c'è nessuna traccia. Sarà stato un abbaglio, un'invenzione dei giorna-

li? A molti il dubbio che quei bambini fossero davvero su quella nave è rimasto, insieme a una domanda: In quale fossa dell'Oceano Indiano si trovano adesso?
Ecco un'altra delle storie, troppe e troppo dolorose, che saranno dimenticate.
Qualcuno la racconti, per piacere.

FRANCESCO D'ADAMO

1. L'autore fa riferimento a *Spartaco*, un gladiatore romano: con l'aiuto dell'insegnante fai una ricerca per scoprire chi era questo personaggio e quale impresa compì. Ti sembra riuscito come paragone? Perché?

2. L'autore fa anche riferimento alla memoria collettiva, quella cioè che appartiene a tutta l'umanità, sottolineando che essa tende a dimenticare gli orrori: quale esempio porta? Credi che lo scandalo dei bambini schiavi sia uno di questi orrori? Discutete in classe con l'insegnante per quale motivo è importante non dimenticare certi orrori della storia.

3. Puoi anche fare una ricerca sul sito dell'Unicef, ossia il Fondo internazionale per l'infanzia delle Nazioni Unite (www.unicef.it) per approfondire questo argomento.

4. Sempre l'autore ricorda che tra gli schiavi moderni e quelli del passato c'è una differenza sostanziale, quale? Prova, magari nelle vacanze estive, a leggere un classico della gioventù, *La capanna dello zio Tom* di H. Beecher Stowe, sugli schiavi neri d'America, prestando attenzione alle condizioni in cui essi vivevano.

5. Con quale terribile dubbio si conclude la postfazione?

6. Fai una ricerca in *emeroteca* (ossia la parte della biblioteca in cui si trovano giornali e periodici), oppure leggi per un mese almeno un quotidiano alla settimana, cercando notizie simili a

questa. Riporta poi quelle che ti hanno impressionato di più e commentale con i tuoi compagni in classe anche alla luce di quello che ora sai sul fenomeno della schiavitù minorile.

LA PAROLA A TE

Ora puoi compilare questa breve scheda per memorizzare i dati principali del libro che hai letto.

TITOLO	....
AUTORE	....
BREVE CONTENUTO	....
PERSONAGGI	....
VALUTAZIONE PERSONALE: mi è piaciuto non mi è piaciuto perché	 ....
TEMATICHE/NOTIZIE/ CURIOSITÀ	....